1週間で「数字に強い営業マン」になれる本

中村 穂

PHP文庫

○本表紙図柄＝ロゼッタ・ストーン（大英博物館蔵）
○本表紙デザイン＋紋章＝上田晃郷

まえがき

「数字が苦手」、では営業マンとして勝ち残れない！

◆ややこしい数字はあまり必要ない

私は仕事の関係上、研修会やコンサルティングの現場などで、ずいぶんたくさんのビジネスパーソンたちと交流します。ビジネスパーソンといっても、営業マンだけではありません。経理マン、マネジャーの方もいます。

このたくさんのビジネスパーソンに会うたびに、いつも驚かされます。

「なんと計数感覚の弱い人が多いんだろう」

ということです。

計数といっても、統計学や財務分析といった“高度”な専門知識ではありません。日常的にいつも触れているきわめて当たり前な数字です。

たとえば、

「粗利益って、どんな利益？」

「売上原価はどうやって計算するのか？」
「利益はどんなふうにして出るのだろう？」
……といった程度なのです。つまり、複雑な数字はそんなに多くありません。
売上高、利益、決算書の見方、販売数字やマーケットの数字の基本的なところ……このような「ビジネス数字」をきちんと押さえているかどうかで、その人の評価はガラリと違ってきます。
数字がわかっている人は数字に敏感ですから、利益を残すこともできます。しかし利益を出せないビジネスパーソンは、やがて淘汰（リストラ）されるでしょう。

◆営業マンこそ数字に強くなろう

また、自分が売ろうとしている商品の原価や、値引率の限度なども知らない人さえいます。会議の席上で何かを提案するときも、数字的な裏づけもなく、「たぶんこれで売れると思います……」といった言い方では説得力もないでしょう。
とくに営業マンは、誰よりも数字に強くなってほしいと思います。初歩的な決算書の数字、コスト意識、商品回転率の数字……この程度のことはスラスラと言えるようになってほしい。そういう人が会社を強くしていくのです。

「棚卸」の意味も目的も理解できてない人たちが棚卸をし、金利計算の基本もわかってない人が長期の手形を受け取ってくる——。

また粗利益（売上総利益）の意味や計算ができない人に、「もっと利益を出せ！」「もっと売上をあげろ！」と号令しても、よい結果は得られないでしょう。コスト意識に乏しく、たとえば100円のコストダウンをするのに何日も時間をかけるようなことでも困ります。

以前は先輩がこういう“常識”を教え込んだものです。しかし最近では、マネジャーも数字にうといケースが増えました。これでは新人営業マンも数字に強くなりません。

「営業マンは売ってくればいいんだ。売上をあげてナンボだ」

この言葉は決して間違いではありません。売上なくして利益なし——これもまた事実です。しかし思うように売上があがらない時代、どうやって効率的に売るかがポイントになります。

そのためには、「どうやればいちばん利益が出るか」といった発想も必要になるでしょう。

そのとき必要になるのが、計数感覚なのです。

◆計数の専門家になる必要はない

このような現状のなかで、販売管理の手法を勉強し、マーケティング戦略をいくら研究しても、ほとんど効果はありません。常に「数字」の裏づけを考える“癖”をつけておかないと、やみくもに行動するばかりになってしまいます。

電卓が発達したため暗算が弱くなった人が増えました。同じように、コンピュータが当たり前になってくると、「計算はコンピュータに任せればいい」という考えになります。

もちろん、複雑な計算はコンピュータに任せておけばいいでしょう。けれども大切なことは、コンピュータが計算してくれた数字を営業の現場にどう生かすか、ということなのです。

それがわかっていないと、計算結果に一喜一憂するだけになってしまいます。

簿記の「仕訳」を充分に理解してない人がコンピュータを使って経理をしても、それは“作業をしただけ”であって、本来の経理業務をしたことにはならないと思います。

私は計数の専門家ではありません。むしろシロウトの部類にはいるでしょう。しかしビジネスの現場でさまざまなお手伝いをさせていただきながら、何年も前から「計数感覚の必要性」を痛感してきました。そしてコンサルティングの現場で、「もっと数字に強くなろう」と言ってきました。

本書は私が日頃お話ししていることを、ある程度系統立てて整理したものです。

まずプロローグでは、計数感覚をチェックする問題をあげました。計数に弱い人や決算書についてわかっていない人は、ここは飛ばして読んでもらってかまいません。そして本書を読み終わった後に問題に挑戦して下さい。

第１章はケーススタディです。計数感覚がなかったために大きな損をしたケースを７つあげました。いくつか思い当たることがあるかもしれません。

第２章では決算書の損益計算書について説明します。この損益計算書には、営業マンにとって基本となる数字が詰まっています。

第３章は貸借対照表（バランスシート）の解説です。この貸借対照表の数字は、会社の健全性や安全性を見るためには不可欠のものです。

第４章はキャッシュフロー計算書です。

第５章は、利益感覚を身につけるための“考え方”の習慣について説明します。利益感覚は今日からすぐに身につくものではありません。日頃から工夫しながら磨いていくものです。
第６章は、決算書を使った企業分析――いわゆる経営分析について簡単に解説します。

なお本書は1989年に出版された拙著『数字に強い営業マンをつくる実践基礎講座』などをもとに加筆・再構成し、新たに書き下ろしました。各項目ともイラストや図表を使って、わかりやすく説明してあります。数字が苦手な人でも、大ざっぱなところはわかるように工夫しました。
営業マンにとって「業績をあげる」ことは重要です。けれどもそのためには、計数感覚を磨く必要があります。本書がその助けになれば幸いです。

2005年７月

中村 穂

計数感覚のある営業マンだけが結果を出す

1週間で「数字に強い営業マン」になれる本

◆

目次

まえがき

「数字が苦手」、では
営業マンとして勝ち残れない！ —— 3
ややこしい数字はあまり必要ない
営業マンこそ数字に強くなろう
計数の専門家になる必要はない

プロローグ

あなたは「計数感覚」があるだろうか？

1「数字」に強い営業マンになろう！ —— 22
「計数に強い」とは どういうことだろう
論理的思考が計数感覚につながる

2「数字の中身を読みこなす力」
が大切です！ —— 26
基本は、始末・才覚・算用
「計算に強い」と「計数感覚がある」は違う

3 あなたの計数感覚をチェックしよう —— 30
まず、自分の計数感覚を見てみよう
ちょっと本格的な計数問題に挑戦
まず42ページ以下を読んでから解いてもOK！

第1章 〈ケーススタディー〉

数字に弱いと、こんな落とし穴がある!

0なぜ、計数感覚が必要か？ —— 42

数字を“読む”目が必要だ
決算書を見てみよう
“プロセス”重視の発想で数字を読む

1「利益は20%確保せよ」と言われたけれど何の20%なの？ —— 46

粗利益は経営活動の基本
考え違い、勘違い！
原価から見た利益、売上高から見た利益
「利掛」と「利幅」

2売上高を30%も増やしたのに「粗利益額」は変わってない！ —— 52

売上至上主義の妄想
売上だけ伸びても……
粗利益額が同じなら売上高が多いほうがいいか？
条件緩和競争は営業マンとしての敗北宣言だ！
与えられた条件のもとで売る

3価格表の表示価格は「上限」なのか、「下限」なのか？ —— 58

価格はますます不明瞭になっている
なぜ価格表をつくるのか？

4「掛値商売」の落とし穴 —— 62
過熱する値引合戦
55掛対65掛の勝負！

5手形で販売した場合は、
実質的な値引販売!? —— 66
値引販売か手形販売か？
受取手形の金利計算を忘れてはいけない

6拡販企画経費は100%消化したが、
販売目標達成率64%！ —— 70
拡販企画には費用という犠牲がついて回る
なぜ拡販企画が成功しないのか？
場当たり的な販売をしていないか
頼みやすいところへばかり売っていないか

7売上目標未達成にあえぐ「ミスター月末」 —— 76
目標必達に向けてスピード計画を立てて臨む
「目標日足（ひあし）管理」の定着を！
営業マンの責務は目標を必達すること
目標は身近に引き寄せる！

第2章
損益計算書のことを
知っておこう

1損益計算書の構造を
大まかにつかんでおこう —— 84

会社にはいろんな「収益」と「費用」がある
「利益」にはどんなものがあるのか？
利益は３区分、５段階で算出される
粗利益の大きさで「営業利益」は決まる！

2 売上総利益、粗利益、限界利益はどう違うのか？ —— 90
売上総利益とは粗利益のこと
限界利益とは？

3 そもそも「売上原価」とは何だろう —— 94
売上高－売上原価＝粗利益
売上原価はどうやって調べればよいのか？
製造業、加工業の原価計算
工事業の原価計算は？

4 売上原価と在庫の関係を見てみよう —— 100
棚卸高（在庫）の額はどう計算するか？
先に仕入れた分が売れたか、後の分が売れたか
平均をとって計算する方法もある
冷蔵庫の玉子の在庫は？

5「変動費」「固定費」はどんな費用？ —— 108
「販売費」と「一般管理費」の違いは？
費用には２つの性格がある
「変動費は売上原価のみ」でよい
経費は節約すればいい、というものでもない
一般管理費は節約すべき費用だが……

6 営業利益と経常利益をどう見るか？ —— 116

営業利益は“本業”の利益
経常利益は会社の実力利益

第3章

貸借対照表の基本を押さえておこう

1 貸借対照表の構造を大づかみしておこう — 122
貸借対照表(B/S)とは?
資金の調達と運用という側面でとらえる

**2「資産の部」には
どんなものがあるのだろう —— 126**
流動資産、固定資産、繰延資産の3つがある
現金化されやすい順番に並べられている

3 流動資産について見てみよう —— 128
「当座資産」が多いと資金繰りはラク
当座資産の中身を見てみよう
「棚卸資産」とは在庫のこと
当座資産の中身をチェックする
不良在庫はないかをチェックする

4 固定資産について見てみよう —— 136
固定資産には3種類ある
固定資産の内容をチェックする

5「負債」について見てみよう —— 140

流動負債とは買掛金や短期借入金
流動負債のどこをチェックするか？
固定負債でいちばん重要なのが「長期借入金」

6「資本の部」には
どんなものがあるのか？ —— 144
「資本の部」は３つに分かれる
剰余金が多いほど会社は安泰

第4章

キャッシュフロー計算書も
知っておこう

1そもそも「キャッシュ」とは
どういうものを指すのか —— 150
自由に出し入れできる“現ナマ”
「利益」と「キャッシュ」の違い
なぜ「キャッシュフロー」が重視されるか？

2キャッシュフロー計算書について
見てみよう —— 154
「キャッシュフロー計算書」の８要因
徹底して現金の動きに着目する
３つの側面からお金の流れを見る

3営業活動、投資活動、財務活動
それぞれの現金の動きを見る —— 158
営業キャッシュフローとは？

投資キャッシュフローとは？
財務キャッシュフローとは？
中心は「営業キャッシュフロー」
３つのキャッシュフローの関係を見よう
キャッシュ（現金）のみが記載される

第5章
「販売利益意識」を身につける10のポイント

1 売上高＝P（平均単価）×Q（数量）の発想を持つ ―― 166
いろんな角度から「売上高」を見てみよう
発想を変えるだけで見えてくるものがある

2 売上増加率は個別に見る習慣を持とう ―― 170
売上高の中身を変えれば２ケタ成長は可能！
売上高増加率はそれぞれ異なる
成長寄与率の発想を持とう

3 単品の粗利益率改善は困難でも、トータルの粗利益率は上がる！ ―― 174
粗利益率をどうやって上げるか？
簡単に個々の粗利益率は改善できない！
商品個々の粗利益率は異なる
販売内容の違いが粗利益率を変える

4 粗利益率変化の変動要因は５つある ―― 180

商品個々の粗利益率は異なることを再認識する
なぜ粗利益率が変動するのか?
「利は先にあり」の発想を持とう

5 交差主義比率が理解できれば商品効率は大きく変わる！ ―― 186
経営は投資効率の追求である
「在庫投資資金の効率」=「商品回転率」
「収益性の原動力」=「粗利益額」

6「代金回収サイト計算」がわかれば回収サイトは短縮できる！ ―― 192
「回収サイト」とは？
回転日数で計算する
回収サイト計算式から回収改善策をつかむ

7 損益分岐点のしくみが理解できれば赤字は出ない！ ―― 198
収支トントンの点が「損益分岐点」
「収益－費用＝利益」か「収益－利益＝費用」か
必要利益を稼ぎ出す売上高とは？

8「勘定合って銭足らず」はなぜ起こるか？ ―― 206
経営活動は資金繰りだ！
一見同じように見える４社だけれど……

9 カネは集金のスピードで値打が違う ―― 212
代金回収が遅れたら……
「全額支払う顧客」への販売を強化しよう

支払条件の良い顧客への販売を強化しよう
「集金速度」を速める！

⑩販売を予測する計数について見てみよう — 218
季節変動指数の意味と求め方
季節変動分析をする
販売割当ての考え方とは？
販売商品別売上予算
地域別販売予算
任意要素法による販売割当

第6章

「経営分析」をしてみよう

❶「高収益体質」になっているかを見よう — 228
利益水準だけの判断では甘い
投資資本の効率を示す「総資本（産）回転率」

❷「利潤分配率」で収益構造をチェックする — 232
経営活動の財源は粗利益
「利潤分配率」の高い企業は不況に強い

❸本業の利益「営業利益」は充分にあるか？ — 236
粗利益、営業利益は利益の“おおもと”
「営業利益率」を高くするポイント
「営業経費率」が高い原因は？

「人件費」が利益を圧迫していないか

4「売上高経常利益率」は収益性を見る重要なポイント —— 244

「総資本経常利益率」はROAともいわれる
売上高経常利益率と総資本回転率に分解できる
売上高経常利益率の数字を見るには？
売上高経常利益率は最も重要な利益率

5 そもそも「生産性」とは何だろう —— 250

投入した「資源」と「成果」の関係を見る
それぞれの生産性を見る経営指標は?

6 生産性を「1人当たり」でチェックする —— 254

「1人当たり」で見てみよう
直間比率も合わせて見る
「1人当たり粗利益」がいちばん大切！
生産性のメカニズム

7 安全性や健全性を見てみよう —— 260

自己資本比率で財務体質を見る
自己資本比率が悪い理由を探る
剰余金の充実をはかる

8 短期の支払能力をチェックする —— 264

短期の支払能力は「流動比率」で見る
「流動比率」をチェックしてみよう
流動資産の中身をチェックする
よりシビアに見るなら「当座比率」

9 固定資産と自己資本の割合を
チェックしよう ―――――――― 270
固定比率&固定長期適合率を見る
「固定長期適合率」とは？
固定比率と固定長期適合率を設備投資にたとえる
比率が100%以下なら安心だが……

エピローグ

練習問題の解答と解説

練習問題(プロローグ)の解答と解説 ―――― 278

[図版作成&イラスト／木内俊彦]

プロローグ

あなたは「計数感覚」があるだろうか？

単に計算能力があるだけでは
本当に「計数感覚にすぐれている」とはいえません。
ものごとを論理的に考えることができるかどうかが
ポイントなのです。

1 「数字」に強い営業マンになろう！

◆「計数に強い」とはどういうことだろう

私たちは毎日、無数の数字に囲まれて生活しています。テキパキと数字を操る人はもちろんのこと「どうも数字に弱くて……」という人も、数字抜きでは生きていくことはできません。

営業データ、決算書、株式情報……その他あらゆる情報が“数字”に形を変えて「世の中」に氾濫しています。

とくにビジネス社会では、数字を無視することはできません。販売効率も資金繰りも、すべて数字であらわされるのです。

たしかにコンピュータ化が進み、あまり細かい数字はいじる必要はなくなりました。しかし“機械”にインプットする数字をつくったり、アウトプットされた数字を読みこなしていくのは、やはり私たち人間なのです。

「数字は苦手で……」

などと言っていると、間違いなくビジネス社会から取り残されます。ましてや会社の第一線で活躍するセールスマンや管理職の人たちにとっては、計数感覚は不可欠の要素だといえます。

ではそもそも「計数に強い」とはどういうことでしょうか。――それは大別すると、

①数字の計算に強い

②ものごとを論理的に筋道立てて考える

ということになるでしょう。

数字の計算は、強いに越したことはありません。しかし計数を理解し、計数に強くなるには、ただ単に「計算に強い」というだけでは意味がありません。

最近はコンピュータの操作も簡単ですし、性能も飛躍的に向上しています。単なる計算こそ、コンピュータや専門家に任せておけばいいのです。

むしろ必要なのは「ものごとを論理的に筋道立てて考える能力」を磨くことなのです。

◆論理的思考が計数感覚につながる

そもそもどんな小さな会社・商店でも「経営数字」は大切なものです。経営数字とは、ビジネスの現場

における何らかの事実を数量化した資料や情報、のことです。

販売データや資金繰り表などが、それに当たりますね。

ただしその数字を見るときに必要なのは、「計算に強い能力」ではありません。まさしく「計数に基づいて筋道立てて考える能力」なのです。

それはすなわち、数字をどう読み取り、どう理解して活用するか――ということです。この能力をいかに大勢の人が持っているかが、その会社のパワーにもなるのです。

たとえば、売上高が前年に比べて下がったとします。このとき、ただ「○○パーセント下がった」という数字を算出して一喜一憂しても、ほとんど意味はありません。

「なぜ下がったのか。またその理由は、数字のどこから読み取れるか」

「売上をあげるためには、具体的にどうすればいいのか」

――といった発想が必要なのです。

数字の計算は、強いに越したことはありません。しかし計数を理解し、計数に強くなるには、ただ単に「計算に強い」というだけでは意味がないのです。

そもそも「計数に強い」とは?

①数字の計算に強い

しかしこれだけでは不十分。計算はパソコンや電卓がやってくれる

本当に必要なことは…

②ものごとを論理的に考える

例

× 売上が○○%下がった!!

○ なぜ下がったのか、その理由は数字のどこから読めるか

計数に基づいて筋道立てて考える習慣をつけよう

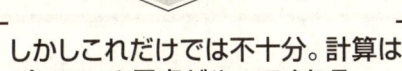

2 「数字の中身を読みこなす力」が大切です！

◆基本は、始末·才覚·算用

経営活動は、裏を返せば計数管理です。

いうまでもなく経営の目的は周知のとおり「利益の追求」です。利益なしでは発展どころか現状維持すらできません。この「利益の追求」は、カンや感覚ではできません。まさに「数字の追求」なのです。

遠い江戸時代、商人哲学を井原西鶴が『日本永代蔵』という書き物に残してくれています。「始末」「才覚」「算用」がそれです。

〈始末〉

合理的を第一とし、必要なときに投資が間違いなくできるよう、普段から無駄を省き、節約を重ねよ。そのためには計画経営が必要である。

〈才覚〉

商人たるもの、利益をあげるためには絶えず創意工夫すべし。どのようにすれば購買意欲を呼び起こせるか。売上や利益を増やすためには何をどう工夫すればいいのかを寸暇を惜しんで考えよ。

〈算用〉

そのためには計数のしくみをしっかり理解し、論理的で筋道だった考え方で商いすることを第一として、必ず利益を増やしていかなくてはならない。

――この哲学の底に流れるものは「計数感覚が第一」ということです。これはハイテク化の著しい今日においても不変であり、必須でもあります。

ビジネス社会が数字を中心に動いている以上、数字に無関心ではいられないのです。

ところがどういうわけか、計数に関心を寄せる人が少なくなっています。表面的な数字は気にしても、数字の奥にあるもの、数字の意味するものまでは知ろうとしません。

かつて小学校では「読み・書き・ソロバン」といって、計数に強くなることは必須とされていました。ところが最近はこのソロバンもやりません。

ビジネスの社会でも同じです。かつては先輩からの指導のポイントは「計数」がベースになっていました。

「あの商品の原価はこれだけだから、最低これだけの売上は……」

といった言い方がされていたのです。

しかし今日では、この光景もあまり見られなくなりました。

もちろん、だからといって現在のビジネス社会では計数を無視しているかといえば、決してそんなことはありません。むしろ昔よりも「数字」にうるさくなっています。

昔に比べると簡単に数字のデータが出るものだから、何かと言うと「数字で示せ」と言う上司すらいます。

しかしいくら数字で示しても、それを読みこなす力がなければ意味はありません。最近は、計算に強くても数字を「読みこなす」ことのできないビジネスパーソンが、ずいぶん増えたと思います。

◆「計算に強い」と「計数感覚がある」は違う

昔なら、そんなに数字が氾濫していたわけではありませんから、数字を示されてもなんとかその裏にあるものを読み取れました。しかし今は、数字の量が多すぎます。

こうなると、必要な数字と不要な数字を見分けなければなりません。膨大な量の数字に恐れることなく、そのなかから必要なものを的確にピックアップし、数字の意味するものを読み取る——この「計数感覚」が強く求められているのです。

ところで「計数」とは具体的にどのようなものを指すのでしょうか。

私が言う計数とは、財務分析手法や財務管理手法ではありません。もちろんそのような専門知識や技術も必要だし、修得してほしいものです。しかしここで言う「計数知識」はもっと初歩的で、もっと簡単で日常的なものなのです。

「値引きによる大量販売で、利益はどう変わるか」

「手形で代金を回収したら、実質的にはどのくらいの値引きになるのか」

……こういったレベルです。しかしこのようなことすら理解していないビジネスパーソンが多いのも事実です。

3 あなたの計数感覚をチェックしよう

◆まず、自分の計数感覚を見てみよう

判定方法

「YES」　=2点
「どちらともいえない」　=1点
「NO」　=0点

総合得点	評　価
20点以上	優れた計数感覚の持ち主です。今後はさらに専門的な数字にも挑戦してください。
20点未満 12点以上	まずまずでしょう。今後はさらに計数感覚を磨くように努力してください。
12点未満 8点以上	やや計数感覚が劣っています。もう一度、本書を読み直して、計数感覚の基礎知識を身につけてください。
8点未満	大いに問題があります。ふだんから数字に強くなるように自覚してください。

あなたの計数感覚をチェックする

	チェックポイント	YES	どちらともいえない	NO
1	同僚と比べて自分は数字に明るいほうだ			
2	住宅ローンや金利についてきちんとわかっている			
3	もっと儲かるやり方はないかと考えるほうだ			
4	計画的に考えるほうだ			
5	変動費と固定費の違いがだいたいわかる			
6	損益計算書や貸借対照表をだいたい読める			
7	粗利益、営業利益、経常利益などの違いがわかる			
8	自分が売っている商品の損益分岐点がわかっている			
9	会社の売上と利益、部署の売上と利益の額が言える			
10	自分が使っている経費の額を押さえようと思っている			
11	売上よりも利益が大事だと思っている			
12	在庫と棚卸の意味がわかっている			

◆ちょっと本格的な計数問題に挑戦

次ページから18の設問を用意しました。本論に入る前に、まずこの問題にチャレンジしてみてください。さあ、何問できるでしょうか。（解答は277ページ）。

計数の意味やしくみを理解すれば、効果的な仕事の進め方が見えてきます。

計数問題は単なる計算問題ではありません。もちろん、必要な数字を求めるために計算は必要です。しかし、大切なことは計算のしくみのなかから「ものごとの考え方を理解する」ことです。

計数を単なる計算問題としてしか考えないとしたら、計数問題に取り組む意味はほとんどなくなってしまうでしょう。

◆まず42ページ以下を読んでから解いてもOK！

なお、以下の問題のなかには、決算書のことなどを知らないと解けないものもあります。自信のない人は、まず第1章から第6章までを読んで、それから問題にチャレンジしてみてください。

Q1 営業が使用している自動車のリース料は、燃料費等すべてを合算すると月平均1台当たり360,000円だそうです。月間の稼働日数が平均22日とすれば、1日当たりどれだけかかることになりますか。

Q2 また、営業マンの月平均売上高が1,200万円だそうです。利用している自動車の維持費は売上高の何%になりますか。

Q3 さらに、営業マンの平均粗利益率は16%だそうです。営業マンが利用している自動車の維持費は粗利益額の何%を費やしていますか。

Q4 取引銀行から金利条件の変更を会社に言ってきました。経理部長の説明では、年率2.38%だということです。これは日歩何銭になりますか。

Q5 Q4の条件になった場合、代金決済条件（回収条件）が100日で販売した場合、本来この顧客から頂かなければならない金利は何%になりますか。

Q6 また、会社は常時在庫を15,000万円もっています。この在庫金利は年間でどれだけ必要になりますか。

Q7 経理部長の説明では、毎月必要な固定費(営業経費、支払利息等の合計)は、5,400万円になるとのことです。平均の粗利益率16%ですから、赤字経営にならないためには最低必要売上高はどれだけになりますか。

Q8 さらに、経理部長は会社の設備改善と給与改善を実現するためにはどうしても経常利益を12,000万円残したいと言うのです。税率が50%とすれば必要売上高は年間どれだけになりますか。

Q9 営業部長は、部下の営業マンに粗利益率の改善を指示し「今期は最低18%」確保せよということです。この粗利益率を実現させるためには、仕入価格に対して最低何%の利益を乗せた価格で販売しなければならないでしょうか。(端数切上げ)

Q10 A君は利益のとれる消耗品の利益を仕入原価に30%乗せて販売しています。この商品の粗利益率（対売上高の利益率）は何%になるでしょう。(小数点第三位を四捨五入)

Q11 近所の量販店で、B商品を5個買えば1個おまけの売り出しをしています。別の専門店では5個買えば20%引きで販売しています。この場合、どちらの店の粗利益が多いでしょうか。

Q12 Y君の販売実績は次のとおりです。Y君の粗利益実績は平均何%になりますか。

(商品)	(売上構成比)	(粗利益率)
A	40%	12.5%
B	30	15.6
C	20	18.4
D	10	22.6
計	100%	(　　)

Q13 次の（　）の中に、計算をして適当な数字を入れなさい。

	（Ⅰ）	（Ⅱ）	（Ⅲ）
売上高	62,750	（③）	98,990
期首棚卸高	（①）	6,070	7,080
期間仕入高	50,550	66,670	（⑤）
期末棚卸高	6,250	6,120	7,120
売上原価	（②）	（④）	89,440
売上総利益（粗利益）	10,440	12,990	（⑥）

Q14 次の商品の投資効率はどちらが高いでしょうか。

	（X商品）	（Z商品）
売上高	256,000 千円	324,000 千円
平均在庫高	25,600 千円	20,250 千円
粗利率	20.00　%	12.50　%

Q15 D社への当月20日締め請求額は165万円でした。当月末に受取手形で100万円（額面期日は95日）と、翌10日に現金で50万円を各々集金しました。この場合起算日を月末日とすれば、D社からの回収サイトは何

日になりますか。（残り15万円は未回収）

Q16 企業の成長過程で重要なことはバランス成長です。次の指標間に不等式（≧≦）を記入しなさい。その理由も考えてください。

売上高増加率	粗利益増加率
売上高増加率	営業経費増加率
売上高増加率	人員増加率
売上高増加率	得意先増加率
売上高増加率	売上債権増加率

Q17 E社の月別売上高実績は次のとおりです。各月の季節指数を計算しなさい。

（3カ年の平均）

4月	6,200万円	7月	7,200万円
5月	6,900	8月	8,000
6月	6,500	9月	8,100
10月	8,800万円	1月	5,200万円
11月	9,200	2月	5,400
12月	10,600	3月	5,900

Q18 F社の決算書です。設問に答えなさい。

B／S（貸借対照表）　×年×月×日

流動資産	（167,550）万円	流動負債	（137,720）万円
現金預金	33,440	買入債務	77,180
売上債権	106,480	短期借入	59,560
棚卸資産	27,500	未払い金	980
雑資産	130	固定負債	（800）
		引当金	800
固定資産	（24,400）		
		自己資本	（53,430）
有形	22,880	資本金	6,500
無形	320	剰余金等	46,930
投資	1,200		
総資産	191,950万円	総資本	191,950万円

P／L（損益計算書）　×年×月×日～×年×月×日

売上高	479,880
売上総利益	79,180
営業経費	61,760
営業利益	17,420
営業外収益	1,080
営業外費用	990
経常利益	17,510
特別利益	200
特別損失	350
税込純利益	17,360
法人税等	7,800
当期純利益	9,560

（万円）

（設問）

1. 売上総利益率（粗利益率）は何%ですか。
2. 損益分岐点水準（固定費分配率）は何%になりますか。
3. 利潤分配率は経常利益段階で何%ですか。
4. 自己資本比率は何%ですか。
5. 借入金依存率は何%ですか。
6. 固定比率は何%ですか。
7. 総資本純利益率は何%ですか。（税引後）
8. 売上債権回転日数は何日ですか。
9. 棚卸資産回転日数は何日ですか。
10. 買入債務回転日数は何日ですか。
11. 資金負担は何日ですか。
12. 正味運転資本は金額でどれだけですか。また、資金繰日数は何日分ですか。（資金繰日数＝正味運転資本回転日数）

第1章

ケーススタディー

数字に弱いと、こんな落とし穴がある！

あなたの周りにも、
こんなケースがあるかもしれません！
数字のカラクリが見抜けないようでは、
できる営業マンとはいえません。

0 なぜ、計数感覚が必要か？

◆数字を“読む”目が必要だ

コンピュータがこれだけ普及した情報社会だというのに、なぜか「数字に弱いビジネスパーソン」が増えました。計算は電卓で何とかこなせても、数字のカラクリが理解できないのです。

この章では、そんな事例をあげてみます。

プロローグでも触れたように、「計数に強い」ということは「計算に強い」ということではありません。必要なのは、「ビジネスの現場で起こる現象や事実を、論理的で筋道立てて考える能力」です。

どんな小さな会社でも、“経営数字”は大切な情報です。しかし、それらの数字を見るときに必要なのは「計算に強い能力」ではありません。「筋道立てて考える能力」なのです。

それが、数字を“読む”ということです。

①たくさんの数字のなかから、最も重要なものを選び出す目
②数字があらわしている事実などの「情報の中身」を理解し、判断する能力

——この読解力を持たなければ、数字（情報）は何の意味も持たなくなります。

◆決算書を見てみよう

たとえば、商店や会社の数字で整理された「決算書」を思い浮かべてください。

決算書については第３章、第４章で改めて説明しますが、あなたが会計士や税理士ならばともかく、普通のビジネスパーソンであれば、その数字のすべてを見る必要はありません。会社にとって、自分にとって必要なもの、重要なものだけに的を絞り、ポイントとなる部分を大づかみに見るべきなのです。

損益計算書に書かれている「売上高」という数字を例に考えてみましょう。

売上高の数字が大切であることは、誰もが認めるところでしょう。この数字が伸びているかどうかは、会社の経営状態を見る上で重要な情報です。しかしただ単に売上高とその増加率を見るだけでは、数字

を読んだことにはならないのです。

たとえば、人を増やせば売上も伸びるでしょう。しかし人件費も増えます。したがって、この場合の売上増は、必ずしも利益増には結びつきません。

このように、数字そのものだけでなく、他のいくつかの数字とのバランスを見ながら、その数字の中身を判断できるような能力こそが必要なのです。

◆“プロセス”重視の発想で数字を読む

「地図は現地ではない」

という意味深いことばがあります。どんなに精巧に描かれた地図でも、それを見て詩を詠むこともスケッチを描くこともできません。

行こうとする場所への道順は、前もってしっかり地図を見ておかなければなりませんが、その地図からは、その土地の風景まではわからないものです。

会社経営における「地図」は、決算書や営業関係データです。ある程度のキャリアを持つ人であれば、決算書を見るだけでその会社の内容はほぼつかめるでしょう。しかし決算書にあらわれた数字の判定は、あくまで“結果の良否”でしかありません。

営業関連データも同様です。数字を見れば、数字

数字の表面だけ見てもダメ

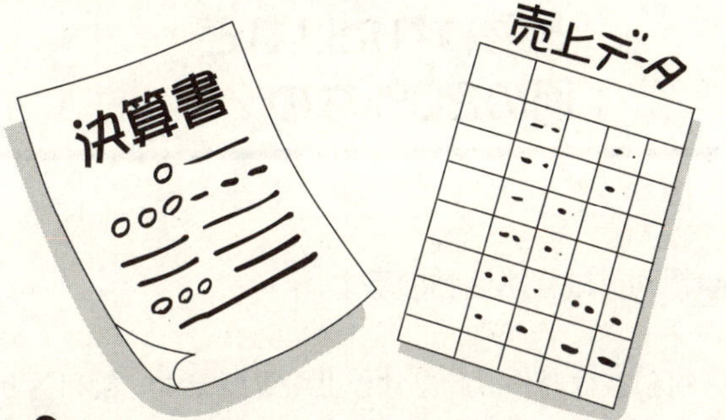

数字を見れば会社の内容は、ある程度わかるが、それらが「なぜその数字になったか」まで読まなければならない！

そのものの良否はわかるでしょう。しかし、

「それらの数字は、なぜそういう結果になったのか」

という経緯、つまりプロセスは決算書や営業関連データだけではつかめません。

こうした「プロセス重視の姿勢と発想」がなければ、数字を生かす経営手法や営業手法は生まれないのです。

1 「利益は20%確保せよ」と言われたけれど何の20%なの？

◆粗利益は経営活動の基本

粗利益は経営活動を営む上で重要です。粗利益とは大ざっぱに言うと、売上高から仕入原価を引いたものです。

この粗利益で、人件費やそれ以外の経費、それに金利等の費用などをまかないます。そして残った利益が、いわば本当の利益になるわけです。

いうなれば粗利益は経営活動の基本です。粗利益が少ないと人件費や諸経費をまかなえず、会社に利益は残りません。

この粗利益についても、その意味をよく理解していない人が多いようです。電設資材を販売する卸商で営業担当しているY君も、その一人です。

彼の会社で扱う商品には、仕入先が販売価格を指定してこないで、出し値（つまりY君の会社への納入価格）だけ明確にし、「あとは適当に販売価格を設定して販売してください」——式のものがたくさんあります。つまり販売価格は、販売会社であるY君の会社が決めるわけです。

高くすれば利益は出ますが、競合に価格競争で負けるかもしれません。かといって安く売れば利益は出ません。販売担当者は市場価格を睨みながら自分で販売価格を決めなければならないのです。

◆考え違い、勘違い！

Y君は、いつも粗利益率の改善向上を言い渡されているので、自分なりに工夫したつもりでした。しかしある日、先輩上司からたいへんな考え違いをしていることを指摘されたのです。

Y君は常に上司から、

「粗利益率は最低でも20%を確保しろ」

と言われていました。そこで、“仕入原価に20%の利益を乗せて”販売していたのです。ところが、会社が指示している「利益20%」とは“売上高から”の利益率だったのです。

つまり仕入原価の20%を乗せる——のではなく、あくまで、売上の20%の粗利益を確保せよ——というものなのです。

両者は同じように思えますが、実は大きく異なります。

◆原価から見た利益、売上高から見た利益

たとえば仕入原価が100とします。この20%は20ですね。ということは売上高は120になります。
「仕入原価100、乗せた利益20、売上高120」
——と、こうなります。
しかしこれでは、粗利益は売上高に対して20%ではなく、16.7%にしかなりませんね。

仕入原価から見た利益と、売上高から見た利益の区別ができていないから、Y君のような問題が起こるのです。
このような誤解が、数字に弱い営業マンによく見られます。たしかにちょっと面倒そうですが、少し考えればわかるようなことですし、ある意味で徹底指導を怠っている会社（上司）にも問題があるといえます。

利益額は変わらなくても、原価から見た大きさと売上高から見た大きさは違います。
ちなみに一般常識として、商業界でいう利益は、断っていない限りすべて「売上高」に対してあらわ

されます。つまり、売上高に対して○○%——というものです。

◆「利掛」と「利幅」

ところで「利掛」「利幅」という言葉があります。仕入原価から見た利益の大きさを「利掛」と呼び、売上高から見た利益の大きさを「利幅」と呼んでいます。別に、前者を「値入率」という場合もあり、後者を「粗利益率」とも呼びますが、数値が同じでも当然両者の大きさは異なります。

それぞれを求める計算式は次のとおりです。

「利幅がわかっていて利掛がわからない」場合の計算は、

$$利掛=\frac{利幅}{1-利幅}$$

で求めます。ですから、先のY君の場合、粗利益率を20%残さなければならないので、「利幅がわかって利掛がわからない」わけだからこの計算式を使わなければならなかったのです。

つまり、

$$利掛 = \frac{20\%}{1-20\%} = 20\% \div 80\% = 25\%$$

で、仕入原価に25%の利益を乗せなければならないわけですね。となると、仕入原価に最低 125% 掛けた価格で販売しなければならなかったのです。

次は「利掛がわかっていて利幅がわからない」場合の計算です。この場合は、

$$利幅 = \frac{利掛}{1+利掛}$$

で計算します。たとえば、仕入原価から見て25%の利益を残した場合の粗利益率は何%になるのでしょうか。

$$利幅 = \frac{25\%}{1+25\%} = 25\% \div 125\% = 20\%$$

その結果、粗利益率は 20%となるのです。

このように、同じ粗利益を見る場合でも、原価から見るか売上高から見るかで数字が違ってきます。原価から見れば粗利益は大きく見え、売上高から見れば小さく見えます。このあたりのからくりをよく覚えておいてください。

見方によって粗利益が異なる

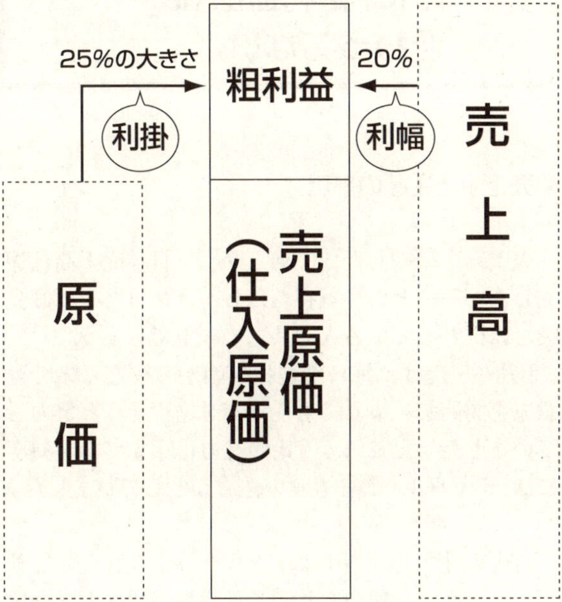

原価から見た粗利は大きく見える。
売上高から見た粗利は小さく見える

2 売上高を30%も増やしたのに「粗利益額」は変わってない！

◆売上至上主義の妄想

売上高を増やしたい、何とかして目標売上高は達成したい――という気持ちはビジネス（とくに販売業）に関わっている人の共通の願望でしょう。

B社のY氏は、毎日勤勉に早朝から夜遅くまで得意先を訪問し、少しでも受注高を増やそうと努力していました。ところがY氏の有力得意先であるM店には、ライバルのD社も食い込もうとしていました。

M店の仕入担当課長は、Y氏とD社の熱心さを利用し、お互いへ値引き等の条件譲歩の駆け引きを始めました。

「安くしてくれるほうから買うよ」

というわけです。これはある意味で当然のことで、こんな事例はたくさん見受けられます。

ところが、困ったことにD社の営業担当者は売上高の獲得には熱心でしたが、利益にはあまりこだわらないタイプでした。そのため、簡単に値引き条件に応じるようなところがありました。

D社が価格を下げてきたらY氏としても対抗上、下げざるを得ません。Y氏は困りましたが、とにかく頑張り抜いた結果、従来取引額の30%アップの売上高を確保したのです。

ところがその結果、それまで維持していた粗利益率は3.7%もダウンしてしまいました。

◆売上だけ伸びても……

Y氏としても、M店に有利な条件で販売したら粗利益率が下がることは充分わかっていましたが、ついつい「目標売上高とライバルに負けたくない」という思いが強く、条件を飲んでしまったのです。

具体的な数字を比べてみましょう。

〔従　来〕売上高　＝月平均200万円
　　　　　粗利益率＝16.0%

〔競争後〕売上高　＝月平均260万円
　　　　　粗利益率＝12.3%

このように、売上高が30%増えても、粗利益率が下がったために、粗利益総額はほぼ同額になっているのです。これでは売上高を増やした意味がほとんどありません。

◆粗利益額が同じなら売上高が多いほうがいいか？

粗利益額が同額であれば、売上高が多いほうがいいじゃないか、と考える人もいます。それは、
「流通業の場合、商品の普及を促すことになるし、メーカーの場合でも自社商品の普及を促進できるではないか」
という意見です。
しかし、勘違いしてはいけません。粗利益額が同じといっても、それは当然あるべきものを少なくした（値引きした）結果として同額になったのです。むしろ、
「たくさん売っても同額の粗利益しか稼げなかった」
と考えるべきなのです。

実際にこのような場合は、配送業務や事務手続きといった裏の部分で多くの労力を投入したことになります。厳密に考えれば、伝票発行枚数も増加しているだろうし、それに伴う労力や費用も表面に出て

売上高だけが伸びても粗利の額が同じでは…

安売りで売上高を伸ばしても、粗利益額が同じなら「労多くして、実り少なし」ということになる

いなくても増やすことにもなっているはずです。
まさに、「労多くして、実り少なし」というわけです。

もっと困るのは、値引きに対応することによって競合ライバルを刺激し、以後の競争条件を自ら厳しいものにしてしまうことです。結果、営業はますますやりにくくなり、さらに値引きをするという悪循環に陥ります。
これでは、自分で自分の首を絞めてしまうようなものです。

◆条件緩和競争は営業マンとしての敗北宣言だ！

このように考えると、条件を崩して売上高を増やした場合は、“成長”したのではなく“徒長”ということになるのです。
条件を維持して売りこなすということは、
「この価格で買っていただきたい」
「これ以上はお安くできません」
という売り手の権利を主張することになります。権利を主張するからには義務をまっとうしなければなりません。
営業マンの「義務」とは、何でしょう。それは

①顧客に対して新商品や売れ筋商品情報の早期提供をすること
②カタログや販売促進助成物等を中心とした“情報提供”や、顧客の売上や利益増加につながる情報提供や“支援サービス”を提供すること

——ということになります。そしてそれによって、顧客が満足感を持ってくれ、継続と拡大取引を実現させることこそが営業マンの使命です。

◆与えられた条件のもとで売る

営業マンは、与えられた条件で売りこなすという基本スタンスで、仕事をしていかなくてはなりません。値引き販売をすれば量は売れるでしょう。売上金額も増えるかもしれません。しかしそれでは本当の営業マンとはいえないのです。

経営は、いかにして粗利益をたくさん稼ぐかということです。その場合、稼ぐための労力は少ないに越したことはありません。

「粗利益額が同じなら売上高が多いほうがいいじゃないか」

という考え方は、まさしく“計数に弱い人”そのものということになるのです。

3 価格表の表示価格は「上限」なのか、「下限」なのか?

◆価格はますます不明瞭になっている

価格破壊の進行で価格はいっそう不明瞭になっています。耐久消費財（事務用品、家電等）の広告を見ても“オープン価格”の表示品が増えています。また、流通過程の価格は従来から不明瞭です。

とくに不明確になっているのが、卸売業の価格でしょう。仕入メーカーからは一応、建値（たてね）が示されているものの、安易に価格競争をして悩まされている卸売業では、歯止め策として「価格表」なるものをそれぞれ作成しているようです。

取扱商品ごとに販売単価を明記し、相場商品のようなものはそのつど改定し、大変な“労作”ができあがっています。

そのこと自体は結構なことです。問題はこの「価格表」に記載されている単価の扱いなのです。

つまり価格表に記載されている単価は上限（最高

価格はますます不明瞭に…

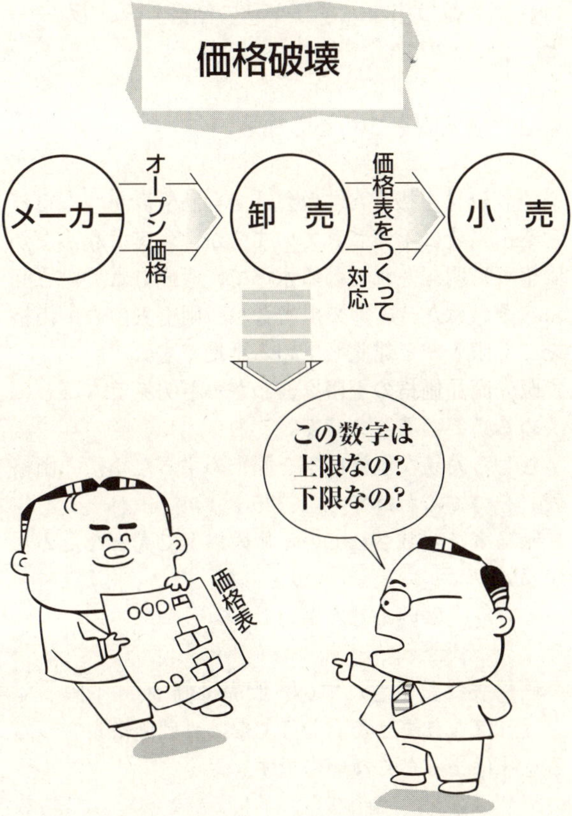

価格、「この価格までで売りなさい」というもの）なのか、下限（最低価格、「この価格以上で売らなければ利益は出ないギリギリの価格」）なのか――ということです。

◆なぜ価格表をつくるのか？

建設資材を扱うA君の会社でも価格表がつくられ営業担当者に手渡されていますが、現実はなかなか価格表に明記されている水準で、販売されていません。それはA君達営業担当者が、価格表の表示価格を「上限」だと錯覚している証拠です。

販売商品価格の上限を、わざわざアイテムごとに決める必要はありません。

むしろ安易な価格競争を歯止めするために「価格表」をつくるわけです。

「価格表に記載されている値段以上で売ったためしがない」

という人はいませんか。

価格表に記載されている販売単価は、「下限」でなければなりません。そうでなければ価格表をつくる意味はまったくないのです。

価格表は何のためにあるのか？

① 条件どおり売る
② 利益を考えて売る
③ 条件緩和は自分を苦しくする
このために「価格表」はあるのです！

価格表に示されている販売単価は「下限」でなければならない

4 「掛値商売」の落とし穴

◆過熱する値引合戦

低成長時代に入って、どんな業界も価格競争が過熱気味になっています。F君の業界でも同様に、激しい価格競争が半ば常識です。

「○○メーカーの商品は定価の××掛」

「△△メーカーの商品なら定価の××掛」

——といったふうです。

F君が働いている会社は、住宅設備の販売店です。重点得意先N工務店に訪問したところ、集合住宅用としてのバスユニットの引き合いがありました。喜んだF君は意欲的に商談に臨んだのですが、クロージングの段階でライバル商品との価格問題が大きな障害となりました。

相手の商品は、定価の55掛だというのです。ほとんど半値です。

◆55掛対65掛の勝負！

F君の会社では、常に営業部長から、
「65掛までなら容認できるが、それ以上は容認できない」
との指示が出ていましたのでF君は困惑してしまいました。お客のN工務店も、
「あそこの商品は55掛でやってくれるんだから、君のところも同じ掛率にしてもらわないと」
と、一歩も譲りません。
F君は、ライバル商品との違いをていねいに説明し、なんとか自社商品の採用をしてもらえるよう、説明をしたのですが、N工務店は首をタテに振ってくれません。困り果てたF君は、
「一度、会社に戻って上司に相談して来ます」
と言って帰社し、部長に相談しました。
すると、黙って聞いていた部長は、
「君はとんでもない見当違いをしているよ。掛率55と言っているが、あのメーカーの商品は、これまで定価で売れたためしがあるのか？　だいたい定価そのものが、あるかないかわからないような商品じゃないか。そんな商品の掛率と、ウチの商品のようにほぼ定価に近い価格で売れる商品を混同されてたま

るか。そこのところをきちんと説明しなければダメだよ」

と言ったのでした。

つまり、ライバル社の55掛の商品は「定価」と呼ばれる「標準小売価格」そのものがないわけですから、定価の55掛といっても、それは値引率そのものが曖昧な商品だということなのです。

それにひきかえF君の販売商品の65掛は、通常の実勢販売価格がはっきりしている商品です。ということは、値引率も正真正銘そのものズバリの商品だということになります。

したがってF君は、55掛商品との商品の違いにエネルギーを燃焼するのではなく、「値引」について明確な説明をすべきだったわけです。

「一見してあちらのほうが値引きしているようですが、実は私どもの条件のほうが値引率が高く、御社にとって有利になるのです」

という説明をすれば、お客も少しは納得したかもしれません。

計数感覚とは、このような「論理的で筋道だった考え方」のことです。その点で彼は、いま一歩だということになります。

掛率勝負にこだわるな!

この商品うちは
55掛けで!
当社は65掛けです。
一見してあちらさん
のほうが値引きして
いるようですが、
当社の商品は実勢価格が
はっきりしており、実際は
当社のほうが…

5 手形で販売した場合は、実質的な値引販売!?

◆値引販売か手形販売か？

業績のトップを争うA君とB君。お互いにライバル意識を強く持ち、お互いの売上業績を気にしながら行動をしています。

そんなある日、B君の得意先からいい商売の紹介があり、B君が訪問したところ、3,500万円の物件をめぐって決断を迫られたのです。紹介客は、

「現金で支払うので１%に該当する35万円を値引きしてほしい」

と言うのです。

しかしB君は日頃上司から値引販売を慎むよう指導を受けており、お客の条件を簡単に受け入れるわけにはいきません。

とはいえ、取引金額も大きいし、紹介されたお客でもあり、なんとかして商談を成立させたい――そう思ったB君は、商談をあきらめず押し問答を続け

手形と値引き

値引は10万円でいいから90日の手形で…
手形
しかし…!

ていました。

そんなやりとりのなかで、相手は新たな条件を提示してきたのです。

「じゃあ、10万円だけ値引きしてくれませんか。そして、支払いは90日の手形で決済させてほしいのだが……」

B君は「やった！」と思い、取引を成約に持ち込んで帰社しました。そしてライバルのA君にこの話を説明したのです。

◆受取手形の金利計算を忘れてはいけない

ところが話を聞いていたA君は、

「10万円の値引きで済ませたと言っているが、結局は35万円以上の値引きをしていることになるじゃないか」

と言ったのです。

A君は、彼の考え方を目の前のメモ紙にさらさらと計算し、説明しました。

つまりB君は、販売代金の受取手形の金利計算を怠っていたのです。

本来、提示している販売価格は現金で決済されることを前提に提示しており、手形決済の場合先方が金利負担をしてくれなければ、当方が金利負担をすることになりますから、その金利分は実質値引きになるのです。

代金は必ず現金でもらえるとは限りません。営業マンにとって、手形の知識は不可欠です。

また仮に現金で受け取れる場合でも、請求書を出してから何日目に入金するかは、取引を始めるときなどに必ず押さえておくべきことです。

手形で売ったら、これだけ実質値引きになる

① 現状の銀行金利は、当社の場合3%
（日歩0.0082%）

② サイト90日でかかる金利は?
0.0082% × 90日 ≒ 0.74%

③ 即値引額　10万円

④ 取引における実質金利は?
3,500万円×0.74%=25.9万円

⑤ 正味の値引き額は?
10万円+25.9万円=35.9万円

6 拡販企画経費は100%消化したが、販売目標達成率64%！

◆拡販企画には費用という犠牲がついて回る

売上が容易に確保できない環境です。こうなると営業マンは、目標売上高必達の手段として「拡販企画」を立てて売上高を確保したい——と誰もが考えることでしょう。

拡販企画のインセンティブ（景品）の魅力で売上高を確保したい、という思いです。

ルートセールスを担当しているC君の場合も、日売りだけでは目標達成が厳しいため、上司の課長に拡販企画を提案しました。

●企画の骨子●

・当初目標売上高の30%アップ
・必要費用は売上増販目標の２%

というものです。課長の了解を得てC君たちは張り切って始動したのですが、なかなか実販は伸びません。その上、特別な企画ですから当然費用はかかります。少なくともその費用に見合っただけの売上高がなければ、何のために費用をかけてまで企画を立てたのか、ということになりますし、企画を許可した課長も気が気ではありません。

1カ月が終わって締めてみると、売上高実績は目標の80%、投じた経費は予算どおり――という惨憺たるものでした。しかも困ったことに、月が変わった翌月には、惨憺たる結果に終わった売上高のうち約20%が返品として帰ってきたのです。

●実績成果●

・売上高＝目標×80%×80%　＝目標の約64%
・経　費＝予算×100%　　　＝見積予算どおり

こういうケースをよく見かけます。拡販企画さえ打てば、経費さえつぎ込めば、売上高は上がる、という甘い考えで臨んだよく見かける例です。

◆なぜ拡販企画が成功しないのか？

さて、このようなケースが起こる原因はどこにあ

るのでしょう。それは、大別して、
①「計画段階の甘さ」
②「行動面の誤り」
の２つが考えられます。

まず「計画段階の甘さ」について説明します。

これはひとことで言えば、抽象的な「売上高」というコトバの概念だけで計画している、ということです。つまり「目標○○万円」というだけで「どのようにすればできるのか」ということを怠っているからです。

166ページでもくわしく説明しますが、売上高は「単価」と「数量」を掛け合わせたものです。ということは「単価を上げるか数量を増やすか」という発想で企画しなければならないのです。

たとえば、この企画の例だと、「客単価（得意先１店当たり売上高）はどの程度になるだろうか」ということを、過去の経験やデータをもとに設定するのです。

さらにこの客単価も、「販売商品単価」と「販売商品数量」の掛け合わせに分解できます。その上でそれぞれの可能性についてツメてみることです。

そして次に、「この企画を何店（何人）が受け入

拡販企画をやればいいというもんじゃない

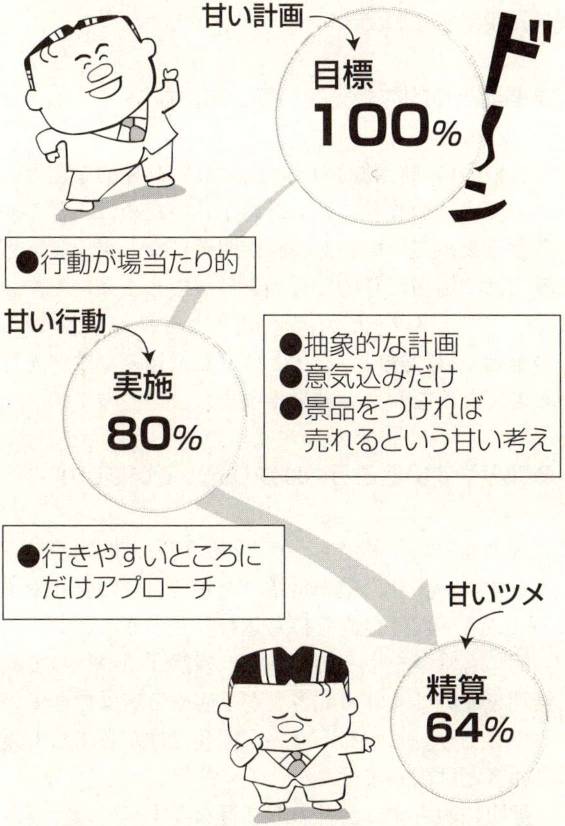

れてくれるか」――「逆に何店に売り込まなければならないのか」といった「客数」を具体的に予測し、目標設定するのです。

◆場当たり的な販売をしていないか

２つめの「行動面の誤り」とは、具体的な遂行のミスです。つまり、先の計画が甘いために、どこからどう攻めていいのか判断が明確にならず、意気込みだけで場当たり的な行動をとってしまうのです。「○○フェスタ」とか「○○周年セール」などは、「この企画で目標達成」などという意気込みだけが先行して、なかなかよい結果は生まれないものです。

◆頼みやすいところへばかり売っていないか

「行動面の誤り」でもうひとつ、困った問題が見られます。つまり、担当営業マンが「自分の売りやすいところへだけ企画を持ち込む」ということです。

何年も営業をやっていれば、当然「いつ行っても無理を聞いてくれる顧客」が１店や２店はできているでしょう。しかしそういう顧客だけが必ずしも優良顧客とは限りません。

拡販に限らず、会社の取り行なうすべての行事は

「すべての顧客にお知らせする義務」があるはずです。ところが現実は、何を勘違いしているのか、行きやすい（頼みやすい）ところにだけ行ってお願いしている営業マンのいかに多いことか。

行きづらいところのなかにこそ、たくさん売って（買ってくれる）くれる顧客があったりするものです。あなたは、

「この顧客はどうせ拡販企画には乗ってくれないだろうから」

などと頭から決めてかかっていませんか。販売する側に「偏見は禁物」なのです。

拡販企画に乗ってくれるかどうかは、相手が判断することです。もちろんなかには、

「拡販企画を実施しても、どう考えても効果は上がらない」

と思われる店もあります。しかし、ただ「行きづらい」というだけの理由で売り込まないのでは、みすみす客を逃しているようなものです。

7 売上目標未達成にあえぐ「ミスター月末」

◆目標必達に向けてスピード計画を立てて臨む

フルマラソンは42.195kmの長距離を走破するのですから大変です。しかも世界的ランナーの場合は、この長距離を２時間少々で完走しますから、一般の人にとっては100m競争のスピードで２時間も走り続けるようなものです。

この長い道程のなかで選手たちはそれぞれ駆け引きし、争います。何km地点までは何分で、しかもトップグループに離されずに、ラップタイムは何分で……と綿密な計算を立てているはずです。

さて営業マンたちも毎月、目標売上高必達に向けてマラソンをしているのです。まず完走（目標を必達する）を目指して頑張ります。そして、より高い記録（売上実績の中身を充実）を目指しているはずです。また、何とか得意先に頼み込んでやっと達成したというものではなく、余裕を残して目標を達成しようと考えるでしょう。

マラソン選手の場合、選手は距離とペースを考えて力配分をしています。営業でも同じです。月初から月末まで同じやり方やスピードで稼ぐことは困難です。

特殊なケースは別として、一般的には月初と月末では顧客の買いっぷりが異なります。月末の締切り前ともなると、買ったものの代金支払いが当月の請求対象になるか、来月の請求に回されるかを考えない人はいないからです。

◆「目標日足(ひあし)管理」の定着を!

「目標日足(ひあし)管理」という目標管理方法があります。

1カ月を上・中・下旬に分け、上旬10日間を目標の40%、中旬30%(累計70%)、下旬30%(累計100%)と標準日足目標(目標を達成するスピード)を掲げ、それをメドに実績を追う進め方です。

よほどのことがない限り、一般的には20日間の日足達成率が70%程度以上にこなせた月の目標達成率は、クリアできるはずです。言い換えると、目標未達成にあえいでいる人は、20日間の日足達成率が

50%とか60%程度と低い状態になっています。

この場合、後半に何とかしなくてはと焦るのですが、息切れしてしまうのが普通です。しかも後半の追い込みの疲れが残って、翌月の初めはスパートできない。その結果翌月も達成状況が悪い――というパターンの悪循環を繰り返すことになります。

月末にバタバタと焦る、いわゆる「ミスター月末」になるのです。

マラソンは長距離だから前半から飛ばすと息切れします。かといって前半をのんびり走ると、後半になっていくら頑張っても追いつきません。

営業も同じことです。1カ月の目標数字を最初から「旬間目標」に分け、さらに日割りにしてこなしていく方法をとれば、目標の未達成はなくなるはずです。

◆営業マンの責務は目標を必達すること

営業マンの責務は、目標売上高を達成することです。年初に掲げた目標を達成してこそ営業マンが存在する意義があるのです。

さて、年間目標を必達するには、まず半期の目標を達成しなければなりません。この半期の目標を達

目標日足管理グラフで売上を管理する

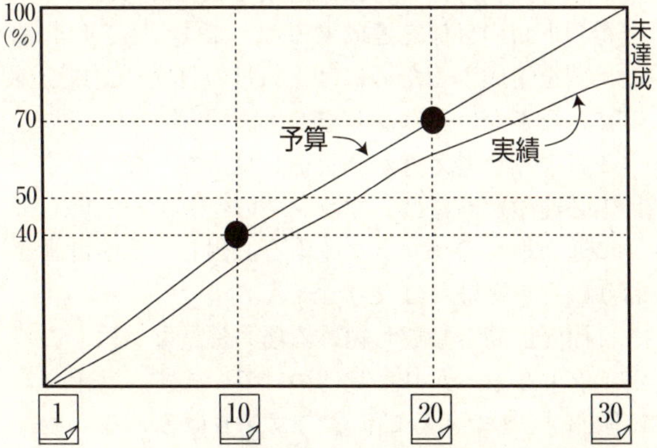

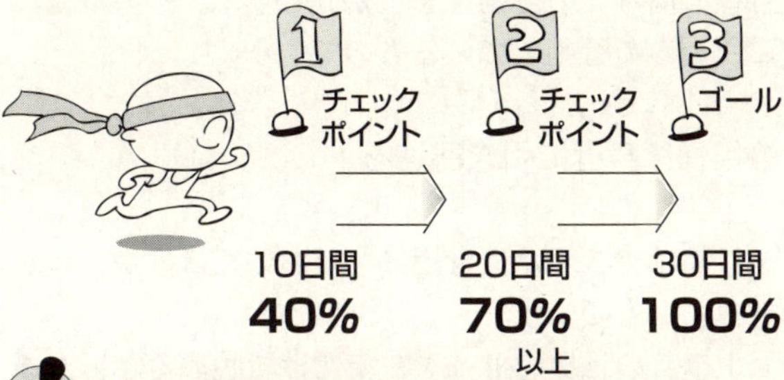

最終目標に向けての計画をしっかり立てる!

成するためには4半期を達成、4半期を達成するためには毎月、毎月の目標を達成するためには上旬、中旬、下旬の目標を達成することです。さらに旬間の目標を達成するためには、毎日の日売り達成を確実にこなさなければなりません。

このような考え方が「目標日足管理」なのです。目標必達のためには、マラソンのランナーと同じように通過地点のラップタイムを計画し、その計画どおりに走らなければなりません。

目標売上高を必達し続ける優秀営業マンは、このポイントをしっかりと身につけています。営業マンに限らず、「できるビジネスマン」はみんな、最終目標に向けての計画をしっかりと立て、その計画にこだわって行動しているものです。

◆目標は身近に引き寄せる!

目標はできるだけ身近にしておいたほうが、わかりやすいものです。

1カ月の目標をトータルでだけで眺めると、あまりにも遠すぎて「今日現在が、順調に達成できているのかどうかという状況判断」がむずかしくなります。しかし、これが旬間になると、ぐっとわかりやすくなります。さらに毎日の目標にまで細分化して

できる営業マンは目標管理がうまい！

1ヵ月間に1,000万円あげるためには計画的に…
月末
あと3日しかないのに半分しか目標達成できてな〜い！
ミスター月末

目標必達を続ける営業マンは、1ヵ月の計画をしっかり立てている

おけば、さらに身近なものとなって判断しやすくなるでしょう。
「ミスター月末」と呼ばれないためにも「目標日足管理」を心掛けてほしいものです。

第2章

損益計算書のことを知っておこう

損益計算書（P/L）には、売上や利益など、
経営のベースとなる数字が書かれている。
この決算書を理解すれば、
とりあえず計数感覚は万全だ！

1 損益計算書の構造を大まかにつかんでおこう

◆会社にはいろんな「収益」と「費用」がある

ビジネス――なかでも営業活動で基本になる数字は限られています。売上原価、粗利益、変動費・固定費、経常利益……まずここから理解しましょう。

これらの数字は、損益計算書に書かれています。損益計算書とは、名前があらわすとおり、会社の利益と損失の額を計算して一覧できるものです。

会社があげた売上高などは「収益」と呼ばれます。ここからさまざまな費用を差し引いたものが「利益」です。

右の図をごらんください。これは一般的な損益計算書のひな形です。会社は通常、1年に1回、この損益計算書と第3章で説明する「貸借対照表」をつくります。これが「決算」です。

損益計算書のいちばん上に「売上高」があり、そこからいろいろな収益や費用をプラスマイナスし、

これが損益計算書の“ひな型”です

経常損益の部	営業損益の部	売上高	収益
		売上原価	費用
		売上総利益	利益
		販売費及び一般管理費 人件費 諸経費 減価償却費	費用
		営業利益	利益
	営業外損益の部	営業外収益 受取利息 受取配当金 雑収入	収益
		営業外費用 支払利息・割引料 雑損失	費用
		経常利益	利益
特別損益の部		特別利益 投資有価証券売却益 固定資産売却益	収益
		特別損失 投資有価証券売却損 固定資産売却損 災害損失	費用
		税引前当期利益	利益
		法人税、住民税、事業税など	費用
		当期純利益	利益
		前期繰越利益 中間配当額 中間配当による利益準備金積立額	
		当期未処分利益	利益

最後が「当期未処分利益」です。

損益計算書を見てもわかるように、会社にはいろいろな「収益」と「費用」と「利益」があります。商品を売って得た収入も、株式投資で得た収入も、銀行利息も「収益」です。人件費も借金の利息も「費用」です。

これらをまとめて表示したのでは会社の実態がつかめません。そこで収益と費用を分類して、各段階の利益を算出できるようにしているわけです。

◆「利益」にはどんなものがあるのか？

ビジネス社会では「利益」というコトバをよく使います。ただ、ひと口に利益といってもいろいろです。そのため、対話をしている双方の「利益」が別のものであったりすることがしばしばあります。

利益は、具体的には５段階（５種類）あります。

まず最初が、売上高から売上原価を差し引いた利益。これを「売上総利益（粗利益）」と呼びます。売上原価とは簡単にいうと「売上をあげるのに直接かかった費用」のことです。メーカーであれば製造原価、販売会社であれば仕入原価です。

しかしこの売上原価は、実はもう少し複雑です。それについては94ページでくわしく説明します。

損益計算書に表示されている「利益」は5つ

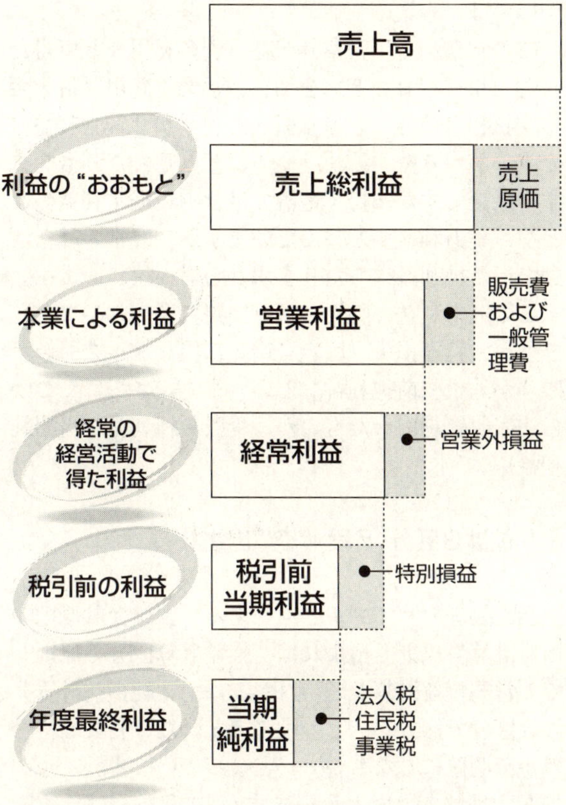

この売上総利益から営業経費や人件費を差し引いた残りの利益を「営業利益」といいます。ここまでがいわば“本業の利益”です。

この営業利益に営業外収益（資産運用などで得た収益や銀行利息など）を加え、営業外費用（借入金の支払利息など）を差し引いた利益が「経常利益」です。わかりやすく「けいつね」と呼んだりもします。余談ですが、松下電器では社内で経常利益のことを「実力利益」と呼んでいますが、経常の経営活動で得た純利益にあたりますから言い得ています。

この経常利益に特別利益（固定資産売却益など）を加え、特別損失（固定資産売却損など）を引いた残りが「税引前純利益」といいます。さらにここから法人税等を引いたものが「税引後純利益（当期純利益）」です。

◆利益は３区分、５段階で算出される

会計処理のバイブルともいえる「企業会計原則の損益計算書原則」によれば、「損益計算区分の原則」で「営業損益計算」「経常損益計算」「純損益計算」の３区分で区分し、どの段階でどれだけ利益を得たのかを明確にしなさい——となっています。

もう理解できたと思いますが、「利益」は５段階

で計算されましたね。

第１段階は、売上高から原価を差し引いた売上総利益。これが俗称「粗利益」です。

第２段階は、粗利益から営業経費を引いた残りが本業の利益、「営業利益」です。

第３段階は、営業利益に営業活動以外で得た収益（営業外収益）を加え、営業活動以外でかかった費用つまり営業外費用を引いたものが「経常利益」。

第４、第５段階は、経常利益に特別利益を足し特別損失を引いて「税込純利益」。さらにそこから税金を引いて「当期純利益」を計算しました。

◆粗利益の大きさで「営業利益」は決まる！

この過程ではっきりしましたが、第１段階利益「粗利益」が充分になければ、営業経費をまかなった後の「営業利益」が充分に残りません。極端な場合、稼ぎ出した粗利益よりも営業経費のほうが大きかったケースでは「営業利益が赤字」になってしまいます。

営業利益は“本業の利益”です。それがマイナスになるということは、経営活動として最悪の事態ということですから“粗利益の大きさが経営成績を左右する”ということになるのです。

2 売上総利益、粗利益、限界利益はどう違うのか？

◆売上総利益とは粗利益のこと

89ページで説明したように、利益の最も基礎となるものが「売上総利益」でした。

多くの人は、日常の販売活動をすることで得られる一次利益を「売上総利益」「粗利益（荒利益）」「限界利益」等と呼ばれていることを知っているかもしれません。しかしなかには、この３つの利益がどう違うのか、混乱している人もいるでしょう。

それぞれは、売上高から原価を引いたものですが、原価の考え方の違いで呼称が変わっているのです。

原価とは、営業費用のなかで最も大きな費用です。108ページでくわしく説明しますが、この営業費用の仲間は大きく２つに分けられます。「変動費」と「固定費」です。変動費とは、売上高の増減や多少に比例して変動する費用です。

そして、その最も大きいものが売上原価です。売

売上総利益（粗利益）とは?

売上総利益 = 売上高 − 売上原価
（粗利益）

粗利益は、すべての利益の“おおもと”。
これが少ないとなかなか利益は残らない

上総利益とは、売上高から売上原価を差し引いた利益のことで、「粗利益（荒利益）」とも呼ばれています。したがって、売上総利益と粗利益は、呼び名が違うだけで中身は同じものです。

◆限界利益とは？

一方「限界利益」とは、売上原価と販売費とをそれぞれ固定費と変動費に区分し、売上高から変動原価・変動販売費を差し引いた利益のことです。

販売費のなかの費用で、売上高の増減多少に比例して増減する費用とは、たとえば広告宣伝費、荷造運賃、販売手数料……が考えられます。

売上高－(売上原価＋変動経費)＝限界利益

というわけです。

小売業の量販店などでは限界利益が主流になっていますが、私は実務レベルで多少問題があると考えて、旧来の「売上総利益（粗利益)」を中心に考えています。

限界利益を問題と考えている理由は、たとえば荷造運賃の場合返品を運んだ場合、費用はかかりますが売上は減少します。また、広告宣伝も広告をすれば必ず売上高は上がるという保証がありません。

販売手数料も必ずしも販売実績に応じて支払われているということではなく、取引両者の力関係が左右しているケースが現実には多いからです。

このように現実は、必ずしも学問どおりではなくまた、単純でもありません。理論的になりすぎて本質を見失ってはいけません。

だからといって私は専門的理論を無視しているわけではありません。両者のバランスが大事なのです。

売上総利益と限界利益

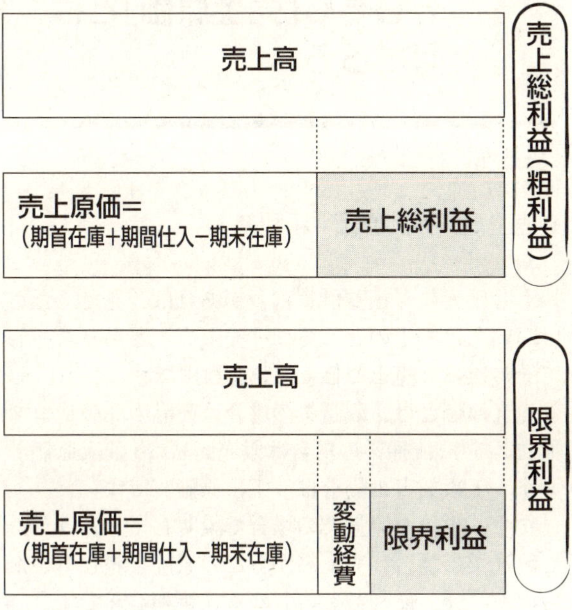

実務レベルでは、粗利益を中心に考えればよい

3 そもそも「売上原価」とは何だろう

◆売上高－売上原価＝粗利益

もし手元に「損益計算書」があれば、見てください。いちばん上のところに「売上高」とあり、そしてその次に「売上原価」とあるはずです。

売上原価とは、製造業の場合は製品の「製造コスト」であり、流通業の場合は販売商品の「仕入原価」です。工事業者の場合は「工事原価」です。

まず、単純な流通業の場合で説明しましょう。

流通業の場合、売上高からこの原価を差し引いたものが「売上総利益」いわゆる「粗利益」です。

ですから、この売上原価は経営計数のなかでも非常に重要になります。手元の損益計算書を見てください。売上高から売上原価を差し引いた「売上総利益」で、以下の営業経費、営業外費用をまかなって、経常利益が残っているはずです。

販売が単品の場合、売上原価（商品原価）はその商品の仕入金額を調べれば簡単にわかります。

しかし現実には毎日非常にたくさんの商品を売買しますから、それらの原価をいちいち調べていたのではキリがありません。

ましてや1年間に売買した単品の原価を調べるとなると、とんでもないことになります。

◆売上原価はどうやって調べればよいのか？

ではいったい、実務での売上原価はどのようにして把握するのでしょうか。この問題を考える前に、次の計算をしてみてください。原価と在庫というものを考えるヒントになるはずです。

> 朝、家を出る前に財布の中を見ると2万5,000円入っていました。出社すると、経理から先週の営業手当てを精算して5,000円返してくれました。そのまま帰ればよかったのですが、悪友に誘われ一杯やりました。酔っぱらっていくら支払ったのか覚えていません。翌朝、財布の中を改めると1万8,000円しか残っていませんでした。さて、昨夜はいったい、どれだけ使ったのでしょうか。

簡単ですね。答えは、

(25,000円＋ 5,000円)－18,000円＝12,000円

12,000円が正解です。この計算手順が、売上原価の計算になるのです。つまり、

朝の財布の中 ＝ 期首棚卸高（期首在庫高）
昼間の精算額 ＝ 期間仕入高
翌朝の財布残 ＝ 期末棚卸高（期末在庫高）
ということです。

売上原価＝期首棚卸高＋期間仕入高－期末棚卸高

つまり、いちいち単品の原価を調べて計算しなくても“棚卸”という方法で在庫を調べれば、簡単に売上原価は計算できるわけです。「実地棚卸」の重要性がここにあります。

◆製造業、加工業の原価計算

商業の原価計算方法は理解できたでしょう。では、メーカーや加工業（工事施工業者）でも原価計算は同じなのでしょうか。答は「ノー」です。

製造業の場合は「製造原価」といって、次の計算式で計算します。

売上原価＝期首製品棚卸高＋※当期製品製造原価
－期末製品棚卸高

売上原価の計算方法は？

売上原価 ＝

期首棚卸高（期首在庫高）

＋（プラス）

期間仕入高

－（マイナス）

期末棚卸高

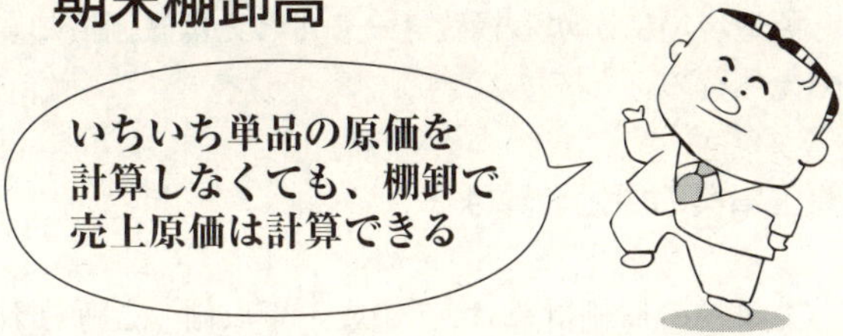
いちいち単品の原価を
計算しなくても、棚卸で
売上原価は計算できる

だから「実地棚卸」が重要になる

※印の付いている「当期製品製造原価」には、次の4つが含まれます。

①材料費

これは販売業の場合の原価計算と同じ方法で計算します。つまり、

期首棚卸高＋期間仕入高－期末棚卸高

というわけです。

②外注加工費

その名のとおり、外注加工に要した費用のことです。

③労務費

現場従業者の人件費のことです。

④現場諸経費

製造現場にかかる経費等――たとえば減価償却費や光熱費のことです。

◆工事業の原価計算は？

工事業の原価計算は、「完成工事原価」と呼ばれ次の計算式で計算します。

完成工事原価＝※材料費＋労務費＋外注加工費
＋現場諸経費

この場合も、材料費（※印）の計算は以下のような方法になります。

材料費の計算
　＝（期首材料棚卸高・仕掛工事）
　＋期間材料仕入高－期末材料棚卸高・仕掛工事）

企業会計原則では、「すべての費用と収益は、その支出および収入に基づいて計上し、発生した期間に正しく割り当てられるように処理しなければならない」とされています。これが「発生主義の原則」です。

たとえば３月末の決算の会社で、３月の売上や費用は、実際には４月以降に入金したり出ていったりしますね。しかしこういうものも、売上や費用が発生した時点で計上しなければならないわけです。

また、「ただし未実現収益は、原則として当期の損益計算書に計上してはならない」とされています。

さて「仕掛工事」は、くわしくは「未成工事支出金」といわれます。これは工事が完成していない（発生していない）のですが、長期の未完成請負工事等は、売上高として請求できないにもかかわらず工事進行のための支出だけが増えてしまいます。

そのため救済措置として、「合理的に収益を見積もり、これを当期の損益計算書に計上してもよい」としているのです。つまり、仕掛工事を棚卸資産として計上することを認めているわけです。

4 売上原価と在庫の関係を見てみよう

◆棚卸高(在庫)の額はどう計算するか?

ところでここまで、「棚卸高」という言葉が何度も出てきています。棚卸高とは、棚卸をすることで価値が評価される資産のこと――要するに「在庫高」のことです。

では、この棚卸高はどうやって計算するのでしょうか。

普通の会社は、いくつかの商品を扱っています。またひと口に「在庫」といっても、たとえば去年仕入れた材料と今年仕入れた材料とでは、仕入価格が違うかもしれません。

たとえば、5月1日に@10円で100個、10日に@11円で100個仕入れ、5月20日に@20円で150個売り上げたケースで売上原価と在庫金額を計算してみましょう。

◆先に仕入れた分が売れたか、後の分が売れたか

まず、先に仕入れた商品が先に売れたという考えです。この場合、5月20日に売れた分とは、5月1日の仕入れ分100個と10日に仕入れたうちの50個です。

これで、売れた分の売上原価を計算すると、103ページの上図のように1,550円です。残っている在庫は、10日に仕入れたうちの50個なので、550円です。売上総利益は、3,000円マイナス1,550円の1,450円ということになるわけです。

このように、先に入ったものが先に出ると考えて、売上原価・在庫・利益を計算する方法を「先入先出法」と呼んでいます。

後から入ったものが先に売れていった、という考えもあります。この「後入先出法」の計算では、103ページの下図のように売上原価は1,600円になります。売上総利益は1,400円ですから、先入先出法より少なくなります。

◆平均をとって計算する方法もある

先に仕入れた商品も後に仕入れた商品も一緒にして、平均単価を出して計算する方法もあります。こ

れが「総平均法」です。総平均法では、まず仕入高の合計を仕入れ数量で割って平均原価10.5円を算出します。売上原価は、この10.5円×150個で1,575円、売上総利益は、1,425円になります。

要するに売上原価の計算の違いは、在庫をどの仕入単価で計算するか、ということになります。

在庫の評価方法にどれを採用するかにより、売上原価、在庫金額、売上総利益まで変わります。

いちばん自然な方法は先入先出法です。とくに現在のようにデフレ気味のときは、後から仕入れたほうが安くなるので、先入先出法のほうが売上原価の実態に近くなるでしょう。

どの方法を選択してもかまいませんが、いったん選んだ方法は自分の都合で簡単に変えることはできません。

ケース

● 仕入

5／1	100個	@10円	計1,000円
5／10	100個	@11円	計1,100円

● 売上

5／20	150個	@20円	計3,000円

在庫の評価法で売上原価と利益は変わる

先に入ったものから先に出ていくと考える方法

先入先出法

5／20の売上150個

5／1の100個（100個×@10円＝1,000円）
5／10の50個（ 50個×@11円＝ 550円）

1,550円

P／L	
売上高	3,000円
売上原価	1,550円
売上総利益	1,450円

B／S	
商 品	550円

後から入ったものから先に出ていくと考える方法

後入先出法

5／20の売上150個

5／10の100個（100個×@11円＝1,100円）
5／ 1の 50個（ 50個×@10円＝ 500円）

1,600円

P／L	
売上高	3,000円
売上原価	1,600円
売上総利益	1,400円

B／S	
商 品	500円

◆冷蔵庫の玉子の在庫は？

ここまでの計算で少し頭が痛くなった方がいるかもしれません。そこで少し身近な例で、原価の計算方法を考えてみましょう。あなたの家庭にある冷蔵庫に玉子が常時保存されているとします。

朝／玉子の数を数えてみると10個
　　金額にして 240円
昼／スーパーの特売で20個買い足す
　　金額は 330円
夜／玉子の数を数えてみると15個残っていた

この事例を考えてみましょう。

一般的に、朝あった玉子に何かで印を付けておくようなことはありませんね。この場合も、朝あった玉子や昼間買い足した玉子に印は付いていません。もちろん取り出して食べた人も、朝の玉子を食べたか昼の玉子かわかりません。さてこのとき——。

昼間食べた玉子は、金額にしていくらか？ また、夜冷蔵庫に残っている玉子の金額はいくらになるでしょうか。

まず「総平均法」で計算してみましょう。

売上原価の考え方（総平均法の場合）

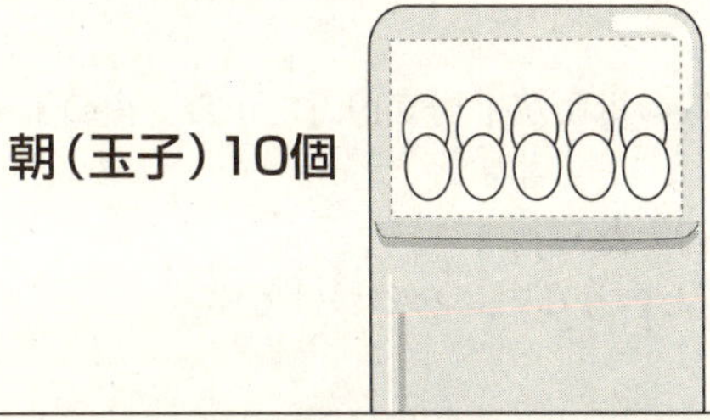

朝／玉子が10個。金額にして240円。
昼／スーパーで20個買い足す。金額330円
夜／玉子が15個残った。

Q 昼間に食べた玉子は金額にしていくら？
夜、冷蔵庫に残っている玉子は、金額にしていくら

A $\frac{240円+330円}{10個+20個}$ ＝19円

1個の値段は平均19円（総平均法で計算）

↓

昼間食べた分も残った分も15個だから
19円×15個 ——— **285円**

個数は（10個＋20個）－15個＝15個
金額は（240円＋330円）÷（10個＋20個）＝19円

つまり1個の単価が平均で19円だから、夜の玉子の金額は、
19円×15個＝285円
で、285円ということになるわけです。

これが「先入先出法」だとどうなるでしょうか。
先に仕入れたものから先に出ていったとするわけですから、食べた15個は朝の玉子が全部（10個）、昼買い足した玉子が5個――ということになります。
朝の玉子の単価が24円、昼の玉子の単価が330円÷20個――だから16.5円です。ということは、食べた玉子は、
24円×10個＋16.5円×5個＝322.5円
となりますね。夜残った玉子は、昼の玉子が15個ということだから、
16.5円×15個＝247.5円
になります。
つまり、在庫の評価方法によって、在庫（棚卸資産）の額も異なってくるわけです。在庫の額が異なれば売上原価の額も変わり、粗利益額も変わってくるのです。

先入先出法だとどうなるか？

食べた玉子は……？

●朝の玉子が全部と、昼の玉子が5個

24円×10個＋16.5円×5個＝322.5円

残った玉子は……？

●昼買った玉子15個

16.5円×15個＝247.5円

在庫の評価方法が変われば、在庫額も変わり、売上原価と粗利益も変わる

5 「変動費」「固定費」はどんな費用？

◆「販売費」と「一般管理費」の違いは？

ここでは、「販売費」「一般管理費」の区別も理解しておきましょう。

損益計算書では「販売費および一般管理費」としてまとめて記載されていますが、両者の性格はまったく異なります。

売上高を増やすことを目的として出費される経費が「販売費」、経営活動を維持管理するために使わざるを得ない経費が「一般管理費」です。

しかしビジネス現場では、どちらに区別するかむずかしい側面もあります。たとえば交通費も、営業マンの出張旅費は販売費ですが、間接部門の事務員の通勤費は一般管理費になるでしょう。

損益計算書で「販売費および一般管理費」とまとめて記載されるのは、そういうわけです。

しかし、性格の違う２つの経費をそのままにしておいて、いいはずがありません。そこで経費を「変動費」「固定費」と分ける考え方があります。

◆費用には2つの性格がある

経営活動に費用はつきものです。ある意味で、費用を使って利益を得るのが経営ともいえます。

ところで、この費用には2つの種類があります。ひとつは「売上高の増減や多少に比例して増減する費用」。

もうひとつは「売上高の増減や多少には関係なく必要な費用」です。前者を「変動費」、後者を「固定費」といいます。

こう考えると、大ざっぱに言うと、販売費（広告宣伝費など）は変動費、一般管理費（代表的なものが人件費）は固定費、ということになります。

◆「変動費は売上原価のみ」でよい

では、売上高の増減に比例して増減する費用とはどんな費用でしょうか。こう質問すると、「運賃だ」「広告宣伝費だ」「交際費だ」……と答えが返ってきます。なるほどこれは理屈の上で納得できます。そこで、

「返品を積んで走り回った運賃はどうか」
「広告をすれば必ず売上が増えるか」
「本当に交際費を使えば売上は増えるか」
と追求すると、どうも頼りない返事しか返ってきません。

つまり、一般的に変動費と呼ばれるものでも、必ずしも「売上高に比例して増減する」とはいえないのです。とくに、流通卸売業の場合にはそのような事例が多いものです。

業界を問わず、たとえば広告宣伝費をかけたらそれだけ効果があるかとなると、きわめて不安定です。

むしろ、本来なら値引きにあたるものを広告宣伝費で処理しているケースも少なくありません。したがって、こういうものを変動費に含めることは、それ自体に問題があるのではないでしょうか。

私は、実務レベルでは、「変動費はズバリ売上原価のみ」と考えて説明しています。なぜなら費用のなかで売上原価だけが唯一「売上高の増減と比例して確実に動く費用」だからです。

変動費を原価だとすれば、固定費は、「原価以外の費用」ということになります。

具体的には「販売費および一般管理費」と呼ばれている営業経費と、営業外費用から営業外収益を差

要するに「変動費」「固定費」とは?

稼働状況や売上高の増減に
比例して増減する

↓

変動費

販売費、広告費など

売上高の増減や稼働状況には
関係なく発生する

↓

固定費

家賃や人件費など

! 実務レベルでは、「変動費は売上原価のみ」と考えたほうがシビア!

し引いた「実質営業外費用」ということになります。

要するに、「販売費＝変動経費」ということになるのですが、先の「限界利益」のところでも書いたように、販売費を増やせば単純に売上が伸びるのかという疑問もあります（→P92）。

ムダな販売費は、使ってはいけないのです。

ですから私は、極端かもしれませんが「変動費＝売上原価」だと考えているのです。

◆経費は節約すればいい、というものでもない

とはいえ、販売費は拡大のエネルギーでもあります。基本的に販売費は、売上高を増やす目的で使用したり売上高の実現に伴って発生する費用ですから、やたら節約すればいいというものでもありません。広告宣伝を中心とする「販売促進」に関与する経費や伝票代や商談成立のための通信費などは、いわば“前向き”の経費なのです。

したがって、経費は押さえ込めばよいというものではなく、むしろ売上業績を伸ばす投資は積極的にするべきです。

しかしそうはいっても経費は費用です。ですから使う場合にはその効果を徹底的に吟味しなければな

らないことは、いうまでもありません。
反面、一般管理費は経営を維持していくための費用ですから、徹底して削減・節約をはかるべきです。

◆一般管理費は節約すべき費用だが……

一般管理費は、人件費、家賃・地代、レンタルリース料、保険料、減価償却費等が代表的なものです。これは節約第一の費用です。
とくに人件費は、年功序列や終身雇用制が崩れ始めたとはいえ、日本の場合、企業にとってたいへんな費用です。

ですから、能率を高め省力化を実現しなければ企業にとって脅威になるだけではなく、従業員個々の取り分を増やせなくなります。
「人を増やしてもらわなければ……」
と言う前に合理化・省力化に目を向けなければならないのです。
しかし人件費も、管理を受け持つ間接部門の人件費と、販売活動に参画している営業マンの人件費とでは、これまた性格が違います。
つまり営業部門の人件費投入（人材の確保など）を惜しんでいては、成長はできません。優秀な営業マンを確保するにはそれなりの人件費も必要ですし、そもそも営業マンの絶対数が少ないと売上もあがりません。

一方、間接部門です。

会社によっては、営業マンの数よりも総務や経理の人間の数が多かったりするところもあります。中小企業なのに社長秘書を２人も３人も置いている会社もあります。

こういった間接部門はできるだけ合理化・省力化をはかり、少しでも人件費を減らさなければなりません。間接部門とはいえ大事なセクションであることも事実ですが、やはり優先されるべきは直接売上に関わる販売部門なのです。

その他、家賃やリース料は内容が変わらない限り安価なほうが好ましいといえるでしょう。

販売費および一般管理費には、実にさまざまな経費があります。人件費、福利厚生費、消耗品費、賃借料、交通費、交際費、会議費、光熱費、広告宣伝費……等々。これらをよく吟味して、意欲的に計上するべき費用と、徹底して節約しなければならない費用を理解して使うことが大切なのです。

要するに、「生きたカネを使う」という感覚を養ってください。

販売費と一般管理費を吟味する

最も大きなものが

販売費 と **人件費**

販売費は拡大のエネルギー。やたら節約すればいい、というものではない。しかし、ムダな広告費など内容をチェックしよう

- 売上に対して人件費の割合は多くないか？
- 間接部門の人件費はできるだけ削る

6 営業利益と経常利益をどう見るか？

◆営業利益は“本業”の利益

ここまでのところで、損益計算書の大事な部分はほぼ理解できたと思います。ここでもう一度、87ページの図を見て下さい。会社には5つの「利益」がありましたね。

売上総利益（粗利益）から販売費および一般管理費を引いて「営業利益」が出ます。売上高から「営業活動にかかった経費」をマイナスするわけですから、この営業利益は、会社の本来の営業活動で得た利益だといえます。

営業利益が多いということは、本来の営業活動で得た利益が多く、それだけ健全だということです。収益効率もよいといえるでしょう。

しかし、単に金額だけ見てもいけません。

第6章の「経営分析」のところで改めてくわしく説明しますが、営業利益に限らず、粗利益、経常利

「営業利益」をどう見るか？

営業利益は本来の営業活動で得た利益。
大きいほど収益力があるが、売上高に
対する割合も見よう

↓

$$売上高営業利益率 = \frac{営業利益}{売上高} \times 100$$

この利益率が大きいと、効率よく儲けていることになる

益などを見るときは、売上高に対する割合を見るように習慣づけてください。

粗利益の売上高に対する割合が「売上高粗利益率」、営業利益の売上高に対する割合が「売上高営業利益率」です。

たとえば売上５億円で営業利益が5,000万円の会社の売上高営業利益率は、10%です。しかしもうひとつの会社は売上２億円で営業利益が5,000万円です。こちらの売上高営業利益率は、25%にもなります。

どちらがいいか、これは一概にはいえません。しかし少なくとも売上２億円の会社のほうが、効率よく儲けているとはいえます。

また、とくに営業マンは、粗利益だけでなくこの営業利益と売上高営業利益率にも気を配らなければなりません。

◆経常利益は会社の実力利益

「経常利益」は、よく「ケイツネ」といういわれ方をされます。つまり、経常の経営活動で得た純利益のことです。

会社の本当の実力は、この経常利益でわかるといわれます。営業利益が多くても、借金がかさんで借入金支払利息が増えていると、経常利益は減っていきます。

営業利益は、いわば“本業”の利益です。しかし会社は株に投資するなどの財テクを行なうこともあります。

この活動で得た利益や預貯金の受取利息が営業外利益であり、財テク失敗で生まれた損失や借入金の

経常利益は会社の実力利益

P／L

売上高		××××ー
⋮		
営業利益		××××
営業外収益	＋	××××
営業外費用	−	××××
経常利益		

会社の経常の経営活動によって得た利益。「ケイツネ」ともいわれ、会社の実力をあらわしている。売上高の5%は欲しい!

支払い利息などが営業外損失です。
　経常利益は、営業利益からこの「営業外損益」をプラスマイナスした結果の数字です。いわば会社の本当の実力をあらわしている数字といえます。
　なおこの経常利益も売上高と比較してどれぐらいの割合になるか——この「売上高経常利益率」もあわせて見るようにしてください（→244ページ）。
　なお、経常利益から「特別損益」をプラスマイナスしたものが、「税引前当期利益」です。ここから税金が引かれ、会社の当期純利益が出ることも覚えておいてください。

第3章

貸借対照表の基本を押さえておこう

貸借対照表(バランスシート)からは、
会社の資金と財産の状態がわかる。
最も基本的な決算書だから、
あらましだけでもきちんと押さえておこう。

1 貸借対照表の構造を大づかみしておこう

◆貸借対照表(B／S)とは？

企業には、経営内容をあらわすさまざまな資料がありますが、先の「損益計算書」と「貸借対照表」を分析し評価することができれば、会社の数字はほぼ掌握することができます。
「貸借対照表」という呼び名からして、いかにもむずかしそうに思えますが、決してそんなことはありません。

損益計算書は、一定の期間（たとえば1年間）に会社がいくら売上があって、どんな費用を使って、いくら利益が出たかをあらわすものでした。

貸借対照表は会社が一定の期間を終えた「決算」の時点で、どんな資産があるか、またそれはどうやって調達したかがわかる決算書です。バランスシート（B／S）とも呼ばれ、左右に分かれた形をしています。

バランスシートの基本的な構造

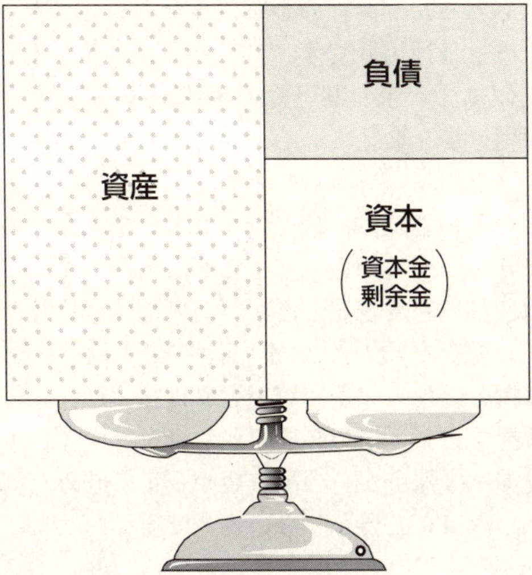

◆資金の調達と運用という側面でとらえる

例をあげて説明しましょう。

会社には現金や商品や機械など、いろいろな「資産」があります。これらの資産を種類別に項目分けして、貸借対照表の左側に表記します。

これらの資産は、会社のお金（資金）が運用された結果です。銀行にお金を預けて運用してもらうことはもちろん、会社の金庫に現金のまましまってある状態も「運用」です。

左側は「資産の部（総資産）」といい、集めた資金が何に姿を変えているのかを整理しています。

またその資金は、自己資本なのか借入金なのか、つまりどこから調達してきたかも大事です。これを右側に整理して表記します。右側は「負債及び資本の部（総資本）」といいます。

負債とは仕入先から買掛金や支払手形、銀行からの借金など、返済を必要とする資金です。資本（株主資本）は株主からの出資金や企業に貯めた剰余金などの返済を必要としない資金です。

簡単にいえば、右側がお金の集め方で、左側が使い道――と理解すればわかりやすいでしょう。

そしてこれらの左右の金額は必ず合致します。

資産合計＝負債（他人資本）＋株主資本（自己資本）

となるのです。このように両側のバランスがとれているので「バランスシート」と呼ばれるわけです。

貸借対照表は何をあらわしているか？

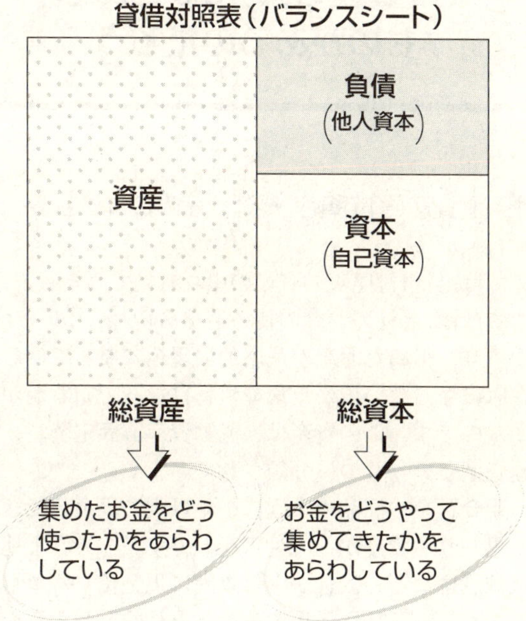

右側と左側は同額で常にバランスしている

2 「資産の部」にはどんなものがあるのだろう

◆流動資産、固定資産、繰延資産の３つがある

では、貸借対照表の資産の中身を見てみましょう。

資産は、会社のお金の使い道をあらわしています。つまり、集めたお金が最終的に現金になっているか在庫になっているか土地や建物になっているかがわかるのです。この資産は、流動資産、固定資産、繰延資産という３つに分類されています。

現金預金や商品のように１年以内に現金化できると思われる資産が「流動資産」です。一方、土地や機械設備など、会社が１年以内に現金化するつもりがなく、長く利用・活用することを目的とした資産を「固定資産」と言います。

◆現金化されやすい順番に並べられている

流動資産と固定資産は、ある基準で並べられてい

「資産」は3つに分けられる

流動資産

現金預金の他、売掛金や商品のように、
1年以内に現金化するであろう資産

固定資産

建物や機械など、1年以上形を
変えずに使われる資産

繰延資産

次年度以降に費用計上が繰り延べ
られる便宜上の資産

現金化されやすい順番に並んでいる

ます。つまり、上から現金化されやすい順番に並べられているのです。たとえば流動資産では、上から現金預金、受取手形、売掛金……という順番になります（→P129）。

固定資産は、建物や土地などの有形固定資産が上に、そのあとに特許権や商標権などの無形固定資産が続きます（→P137）。

3 流動資産について見てみよう

◆「当座資産」が多いと資金繰りはラク

　では、流動資産にはどんなものがあるのかを見てみます。

　流動資産は、現金化されやすい順に、「当座資産」「棚卸資産」「その他の流動資産」の3つに分けられます。最も現金化されやすいのが当座資産です。これを「流動性配列法」と言います。
　このように分ける理由は、決算書を読む際に便利だからです。
　会社の中に現金化されやすい資産が多くあると、資金繰りがラクです。反面、現金化されづらい資産が多いと資金繰りが苦しくなります。
　あらかじめ流動資産がこのように分類されていると、資金繰りなどをチェックするとき大変助かることになります。

「流動資産」も3つに分けられる

当座資産	現金預金、売掛金、受取手形など
棚卸資産	商品、仕掛品など
その他	未収金など

現金化されやすい順番に並んでいる

当座資産が多いと資金繰りはラク

◆当座資産の中身を見てみよう

以下が、主な当座資産です。

〈現金〉

通貨だけでなく、小切手など通貨と同じ機能を持っているものも含む。
〈預金〉
銀行預金、郵便貯金、定期積金など。
〈受取手形〉
いつ、どの銀行から、いくら受け取るかが明記された有価証券が「手形」。売上の代金を、近い将来(約束した日)、現金で受け取ることを約束した手形が約束手形。
〈売掛金〉
商品やサービスを販売したとき、その代金を近い将来、現金でもらうことになっているもの。売買関係で生じた未収入金のこと。
〈有価証券〉
一時的な投資のために所有している株式、国債、社債など。

◆「棚卸資産」とは在庫のこと

次に「棚卸資産」です。これは、棚卸(在庫の残高のチェック)が必要とされるような資産で、商品や原材料などが含まれます。

〈商品〉
販売業を営む企業が販売することを目的として外

部から買入れたもの。
〈製品〉
製造業を営む企業が販売することを目的として自ら製造したもの。
〈仕掛品〉
製品の製造途中にあるもの。
〈原材料〉
製品を製造することを目的として外部から買入れた物品で、まだ消費されていないもの。
〈貯蔵品〉
事務用消耗品、包装材料、工場消耗品、燃料などのうち使用されていないもの。

つまり棚卸資産は、
「今の段階では現金ではないが、売れたら現金になるもの」
だということができます。
今は現金ではないのですから、これが多いと、資金繰りは苦しくなります。トヨタのように在庫を極力持たない商法だと、資金繰りはラクです。

◆当座資産の中身をチェックする

要するに流動資産は、

「１年以内に現金化できるであろう資産」

なのです。これが多ければ会社に限りなく現ナマが多いことになり、財務内容は健全だといっていいでしょう。当座資産が多いとさらにラクです。

当座資産とは、「当座の換金能力を持っている」という意味でもあります。

しかし、単純にそうとばかりもいえない側面があることも知っておいてください。

たとえば当座資産のひとつである売掛金です。このなかに、相手方が倒産寸前であるといった理由で回収が長引き、不良債権化しているものがあると、帳簿上は流動資産でも、それはきわめて質の悪い当座資産だということになります。

とくに、相手が倒産して回収不能になった売掛金は、実際には現金化ができません。いくら当座資産があっても、中身が良くないと資金の流れはスムーズに行きません。

◆不良在庫はないかをチェックする

棚卸資産も同様です。

将来、現金化ができそうにない商品・製品・仕掛品・原材料・貯蔵品など（いわゆる不良在庫）が多いと、財務体質は健全ではありません。

流動資産の中身は健全か？

流動資産は、1年以内に現金化が
可能と思われる資産だから

流動資産が多いと…

支払もラクで、財務体質も健全

けれども

回収が長引いている売掛金や
売れない在庫が多いと経営は苦しい

そもそも在庫は、売れないと現金になりません。倉庫にあるだけでは、お金になっていないのです。

また在庫が増えると、在庫維持費などがかさんで利益を圧迫し、経営は苦しくなります。とくに営業マンは、実地棚卸などで在庫が増えているかどうかを常に注意して見ておかなければなりません。

とはいえ、在庫は少ないほどいいかというと、そうでもありません。イザというときの注文に機敏に対応できず、販売機会を逃してしまっては売上も落ちます。こういったバランス感覚こそが、本当の意味での計数感覚だといえるでしょう。

つまり単に数字を見るだけでなく、

「不良債権や不良在庫はないか」

「在庫の量は適正か」

などを常にチェックすべきなのです。

在庫の量はどれぐらいが適正かは、業種によって異なります。自社なりの目安があるはずですので、それを基準に考えるような習慣をつけてください。

なお当座資産の中の有価証券（株式など）も、注意が必要です。現在のように株価の変動が激しい時代は、上場会社の株式を持っているからといって安心はできません。

結局、最も安心なのは「現金と預金」――つまりキャッシュの状態を良くすることだといえます。

最も安心なのはキャッシュ!

単に数字を見るだけでなく…

- 不良債権や不良在庫はないか
- 在庫の量は適正か
- 有価証券は安心できるのか

結局、最も安心なのは現金・預金
——つまりキャッシュである

4 固定資産について見てみよう

◆固定資産には3種類ある

固定資産には、土地・建物、機械、車などの設備が含まれます。

すぐに現金化できる流動資産と違って、固定資産は、いわば、

「会社が利益をあげるため、何年にもわたって使われることを前提に購入するもの」

といえます。商品は、売るために買いますが、固定資産は自分の会社で使うために買います。ここが大きな違いです。

「固定資産」は、「有形固定資産」「無形固定資産」「投資その他の資産」と3つに分かれています。

①有形固定資産

経営をしていくためには、土地・建物、機械設備はなくてはならないものです。有形固定資産とは、

「固定資産」とは?

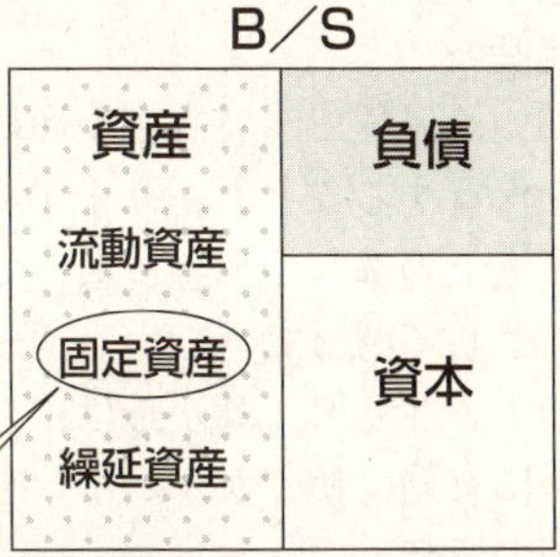

有形固定資産

（土地・建物、機械装置、車両、工具備品など）

無形固定資産

（営業権、特許権、商標権、借地権、電話加入権など）

投資その他の資産

（長期貸付金、投資有価証券、子会社・関連会社株式など）

その名のとおり形のある資産で、建物、機械装置、車両などが該当します。

②無形固定資産

事業をしていく過程で、特許権や商標権など、形のない資産を保有することもあります。つまり法律上あるいは事実上の権利の形態になっていて、その実態が“形”として認識できないもの――これが無形固定資産です。とくにこれからは、こうした無形の資産をいかに有効に使うかがポイントです。

③投資その他の資産

「投資その他の資産」は余剰資金が生じたもので、1年以上にわたる貸付金や、他の会社への投資のことです。

◆固定資産の内容をチェックする

流動資産と同様、固定資産も、数字だけでなく内容をよく吟味しなければなりません。

たとえば売上規模に比べて、固定資産は過大ではないか――などをチェックします。

バブル期に、本業以外の不動産投資などをした会社は、たいてい固定資産が過大になっています。

また、無理な設備投資をしていないか――も重要なチェックポイントです。たとえば大きな借金をし

固定資産の中身をチェックする

無理な設備投資をしていないか

↓

売上規模に比べて固定資産が大きすぎると、健全とはいえない

!

固定資産の額は自己資本の範囲で収まっているのが理想（☞P270）

て設備投資をすると、会社は安全性に欠けます。最も望ましいのは、自己資本の範囲内で収まっていること。それがダメな場合は、自己資本と長期借入金や社債といった固定負債の範囲内で収まっているような財務体質でありたいものです（→P270）。

このあたりのことを見るのが「固定比率」「固定長期適合率」というものです。これについては第6章の「経営分析」のところでくわしく説明します。

5 「負債」について見てみよう

◆流動負債とは買掛金や短期借入金

負債も、資産と同じように「流動負債」と「固定負債」という２つのグループに分かれます。流動負債と固定負債に分けるときには、資産と同じく“１年間”という期間を基準にします。

たとえば同じ借入金でも、決算日より１年以内に返済を完了しなければならない借入金は、流動負債のうちの「短期借入金」に属します。

１年以上かけてゆっくり分割返済する借入金は、「長期借入金」という固定負債になるのです。

ではまず、流動負債について見てみましょう。

流動負債は、１年以内に返さなければならない負債のことでしたね。具体的には次のようなものがあります。

支払手形、買掛金、短期借入金、前受金、未払金、

「流動負債」とは？

支払手形、買掛金、短期借入金、
前受金、未払金、仮受金、
未払費用　など

1年以内に支払わねばならない負債。
「流動資産」より多いと支払いが苦しく
なり、行き詰まる（☞P266）

未払法人税等、仮受金、預り金、未払費用、前受収益……。

◆流動負債のどこをチェックするか？

これを見てもわかるように、流動負債は１年以内に支払わなければならない負債です。ということはこれらの負債を支払うべき現金、あるいは1年以内に現金化されるであろう資産（流動資産）を持っている必要があるわけです。

つまり、流動負債が流動資産より多いと、その会社は他に資金調達をしない限り、1年以内に流動負債の返済に行き詰まります。このことは、単純に考えてもわかると思います。

また、流動資産が流動負債よりも大きくても、流動資産に不良債権や不良在庫が混じっていると、資金繰りは行き詰まります。

そうなると、銀行から借金したり、買掛金の支払を延期してもらったりしなければなりません。

流動資産と流動負債の比率をあらわしたものが、「流動比率」です（→P264）。この数字は、会社の支払能力をあらわしています。

◆固定負債でいちばん重要なのが「長期借入金」

固定負債とは、主に次の3つです。

〈長期借入金〉

銀行、取引先などからの借入金のうち決算日より1年を超えて返済する予定のもの。

〈社債〉

社債券という債券を発行して大衆から大量に資金

「固定負債」とは?

長期借入金、社債、
退職給与引当金　など

最も大切なのが「長期借入金」の額。
売上高に比べて多すぎないかを
チェックしよう

調達をするために発生した債務。

〈退職給与引当金〉

将来、従業員が退職したときに発生する費用をあらかじめ見積もっているもの。

固定負債で見るべきは、長期借入金の額です。売上高と比べて多すぎないかをチェックします。

6 「資本の部」にはどんなものがあるのか？

◆「資本の部」は３つに分かれる

貸借対照表の右側（総資本）のうち、負債は「いつかは返さなければならないお金」です。そのため「他人資本」ともいわれます。

一方、「資本の部」は、返済しなくてもよいお金です。これが「自己資本」です。

資本の部は、「資本金」「法定準備金」「剰余金」の３つに分かれます。

①資本金

「資本金」は、会社のオーナー（株主）が出資した金額のうち、会社が資本金として表示したものです。会社は株主から資本金が払い込まれると、現金と引き換えに株券を発行します。

資本金は、会社をつくって事業をスタートさせるのに必要な資金でもあります。

「資本」にはどんなものが含まれるか?

B／S

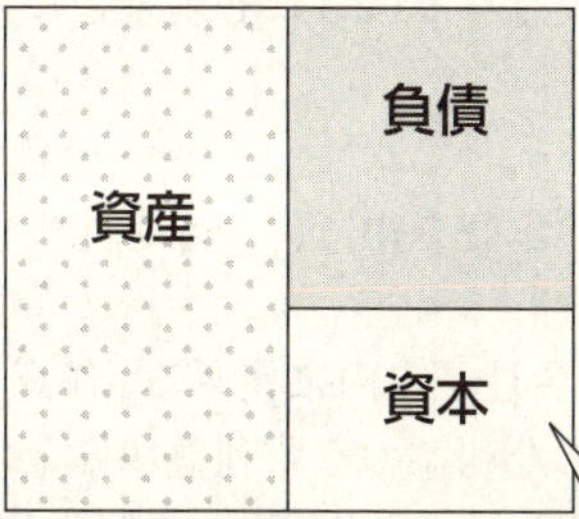

資本金

株主が出資したお金のうち、会社が資本金として表示したもの。これが大きいほど会社は資金的に安定しているといえる。

法定準備金

イザという時のために、あらかじめ一定金額を積み立てたもの。資本準備金と利益準備金がある。

剰余金

設立されて以来、社内に蓄積された利益の合計額。

②法定準備金
「法定準備金」には「資本準備金」と「利益準備金」があり、広い意味ではこれも剰余金に含める考えもあります。
③剰余金
株主総会の承認を得て、一部を配当に回せるお金が剰余金です。
剰余金は、会社が自由に使える「任意積立金」と、今まで蓄積した利益のうち利益準備金にも任意積立金などにも組み込まれなかった部分である「当期未処分利益」とに分かれます。
当期未処分利益は、当期利益に前期からの繰越利益を加えたものです。この当期利益と当期未処分利益が、損益計算書の当期利益と当期未処分利益と一致するのです。こうして、損益計算書と貸借対照表はつながっているわけです。

◆剰余金が多いほど会社は安泰

「資本の部」のうち、株主が出資したものが「資本金」と「資本準備金」で、「利益準備金」「任意積立金」「未処分利益」が今まで蓄積した利益です。
剰余金は、税金や配当などを支払った後のお金で、いってみれば、最終的に会社が自由にできるお金で

剰余金が多いほど会社は安定

剰余金

任意積立金

会社が自由に使える利益。
毎期、積み立ててきた利益の合計。

当期未処分利益

今までの累積利益のうち、「利益準備金」にも「任意積立金」にも含まれないもの。

す。ですからこの剰余金が多いほど、その会社の財務体質は健全だともいえます。

このように貸借対照表（B／S）は、企業の営業年度末における“財務状態”を明らかにしており、簡単にいうと「企業の財産一覧表」だと考えればいいでしょう。経営者だけでなく営業マンも、この一覧表のなかでとくに“異常値”になりやすい勘定科目には注意しなければなりません。

・売上債権——代金回収の長期化、不良債権の発生
・棚卸資産——在庫の投資肥大
・固定資産——土地の保有と地価との関係
・自己資本——収益力不足だと剰余金が不足
・借入金———自己資本不足、代金回収の長期化、固定資産投資の過剰など

第4章

キャッシュフロー計算書も知っておこう

キャッシュフロー計算書は、
現金（キャッシュ）の動きだけに注目した決算書。
キャッシュフローを考えながら販売活動をすると、
資金繰りにも困らない。

1 そもそも「キャッシュ」とはどういうものを指すのか？

◆自由に出し入れできる“現ナマ”

日本の会計制度は、2000年３月期（1999年４月１日以後開始する事業年度）から大幅に改正され、公開企業では単独決算中心の情報開示から連結決算中心の情報開示へ変更されました。

同時に、資金に関する情報開示も充実され、一会計期間の現金の増加と減少の内容を整理した「キャッシュフロー計算書の作成と開示」が義務づけられることになったのです。

「キャッシュフロー計算書」を理解する前に、まずキャッシュということについて整理をしておかなければならないでしょう。

キャッシュとは、「現金および現金同等物」のことを指しています。この「現金」には、受取手形や支払手形は含まれません。

手元現金
普通預金 ─┐
当座預金 ─┼─「要求払預金」
通知預金 ─┘

これが「現金」で、「現金同等物」とは、

定期預金、公社債投資信託

などが、該当します。

なお、「現金同等物」の判定基準は、「取得日から満期日または償還日までの期間が3カ月以内」であることとなっています。

「キャッシュフロー計算書」とは、「現金や現金同等物の増加または減少を一会計期間で整理したもの」を言います。

◆「利益」と「キャッシュ」の違い

利益は「収益から費用を引いたもの」です。収益とは、会社が「稼ぎだしたもの」で、費用とは「その稼ぎのために要した支出」です。

収益 － 費用 ＝ 利益

ですね。この関係を会計期間の業績として整理したものが「損益計算書」で、会社の営業活動の成果を示す「会社の成績表」です。

これに対して「キャッシュ」の計算は、実際に「入金された金額から実際に出金した金額を差し引いたもの」です。

利益の計算で「収益（売上高）」はすべて現金で回収されたものとは限りません。「費用（原価や経費）」も同じように、すべて現金支払いをしていないものもあります。ですから、必ずしも「利益」の額＝「キャッシュ」の額にならないケースが多いのです。

つまり「キャッシュフロー計算書」は、企業の一会計期間内における“現金の動き”を示す目的で作成されたものなのです。要は、現金の「流入（イン）と流出（アウト）」をプロセス別に整理をした、いわば「企業の家計簿」ともいえるのです。

◆なぜ「キャッシュフロー」が重視されるか？

「経営は資金繰りである」といわれます。第３章の貸借対照表を読み取るところで説明しましたが、経営活動で「資金繰り」は極めて重要なファクターです。どんなに利益を稼いでいても、その利益が現金になっていなければ「勘定合って銭足らず」で、場合によっては「黒字倒産」になります。

つまり、キャッシュが足らなくなると支払ができ

なぜ「キャッシュフロー」が重視されるか？

B/SやP/Lの上では……

●入金されてないのに「売上」計上!

●支払ってないのに「費用」計上

「現金（キャッシュ）」の動きのみを示したもの（キャッシュフロー計算書）が必要

なくなり、最悪の場合会社の存続が危うくなります。

会社の信用が落ちて、仕入ができなくなったり、人件費や経費の支払いが不能になったり、当然設備投資などができなくなるなど、経営は絶体絶命の状態に追い込まれることになるのです。

かつては資金が足りなくなれば、安易に銀行に頼んで「借金経営」が行なわれましたが、今では安易に融資には応じてくれなくなっています。

キャッシュフローが重要視される時代なのです。

2 キャッシュフロー計算書について見てみよう

◆「キャッシュフロー計算書」の８要因

詳細な「キャッシュフロー」についての勉強は別に進めてもらうとして、簡単に「キャッシュフローのしくみ」を理解しましょう。

キャッシュフローの計算は、従来の感覚と大きくズレがあるので、しっかりと覚えてください。たとえば「売上高を○○○万円あげた」というと、その分だけ「キャッシュが増えた」と考える感覚がそれです。

しかしこの売上高のうち売掛金で残っていたり、手形で集金をしていたら、その分はキャッシュにはなっていませんね。このような「従来型錯覚」に陥らないように右ページのような「８要因」を理解しなければなりません。この８要因の効果的活用で「現金を増やし」、キャッシュフローを、よりよいものにしなければならないのです。

「キャッシュフロー計算書」の8要因

要因	変化	現金
①売上債権　が	増加すれば	は減少します（増えない）
②棚卸資産　が	増加すれば	は減少します（増えない）
③仕入債務　が	増加すれば	は増加します（減らない）
④資　　産　が	増加すれば	は減少します
⑤負　　債　が	増加すれば	は増加します
⑥資　　本　が	増加すれば	は増加します
⑦営業費用　が	増加すれば	は減少します
⑧非資金費用　が	増加すれば	は増加します（減らない）

「現金（キャッシュ）」は、このように増減する

◆徹底して現金の動きに着目する

貸借対照表と損益計算書は、必ずしも現金の動きと一致していません。たとえば商品を売り上げれば入金がないのに、決算書では売上として計上しなければなりません。

つまり貸借対照表も損益計算書も、現金の動きとは関係なくつくられる決算書です。したがってこの２つだけでお金の流れをつかむことはできません。

しかしキャッシュフロー計算書は、徹底して現金の動きを追います。現金（キャッシュ）が入金されない限り収入とは計上されませんし、現金が出ていかない限り支出にはなりません。

先の「８要因」のなかでも、たとえば「売上債権」が増えれば貸借対照表の「売上債権」は増えます。しかし現金は入ってないわけですから、キャッシュフロー計算書上は、「現金は減る（増えない）」のです。

キャッシュフロー計算書を見ると、どこからキャッシュを調達し、どこに回しているのか、本業の営業活動でキャッシュがどれだけ生み出されているか、投資にいくら回し、借入金をどれぐらい調達・

返済しているのかなどが、読み取れます。

会社の経営状態を見るのにとても役立ちますから、作成の義務がない非上場会社でもぜひつくるべきでしょう。

◆3つの側面からお金の流れを見る

キャッシュフロー計算書は、会社の事業活動を「営業活動」「投資活動」「財務活動」の3つに分類し、その区分けごとにキャッシュの出入りをまとめることになっています。

つまり、キャッシュフロー計算書は、「営業キャッシュフロー」「投資キャッシュフロー」「財務キャッシュフロー」の3つから成り立っているわけです。

これは、損益計算書が段階的に区分されているのと同じように、キャッシュフロー計算書も会社の活動を体系的にとらえるために、活動の種類ごとに分けて区分表示しよう、という考えのもとにできあがったものなのです。

3 営業活動、投資活動、財務活動それぞれの現金の動きを見る

◆営業キャッシュフローとは？

右のキャッシュフロー計算書のひな型を見ながら3つのキャッシュフローについて説明しましょう。

まず「営業キャッシュフロー」は、商品・製品の販売やサービスの提供など、企業本来の営業活動そのものから発生した資金の流れを示します。

具体的には、売上代金の入金や、仕入代金や販売費、一般管理費の支払から生じるキャッシュの動きがここに記載されます。

また、貸付金に対する受取利息や、会社が保有する株式の受取配当金、借入金に対する支払利息額、法人税などの支払額も、営業キャッシュフローとして表示されます。

損益計算書や貸借対照表と違うところは、受取利息、売上債権の増加額などがマイナスになっている

これが「キャッシュフロー計算書」

Ⅰ.営業キャッシュフロー	
税金等調整前当期利益	×××
減価償却費	×××
貸倒引当金の増加額	×××
支払利息及び配当金	−×××
受取利息	×××
為替差損	×××
売上債権の増加額	−×××
棚卸資産の増加額	−×××
仕入債務の増加額	×××
小計	×××
利息及び配当金の受取額	×××
利息の支払額	−×××
法人税等の支払額	−×××
営業キャッシュフロー	×××
Ⅱ.投資キャッシュフロー	
定期預金の純減少額	−×××
有価証券の取得による支出	−×××
有価証券の売却による収入	×××
有形固定資産の取得による支出	−×××
有形固定資産の売却による収入	×××
投資キャッシュフロー	−×××
Ⅲ.財務キャッシュフロー	
短期借入による収入	×××
短期借入の返済による支出	−×××
長期借入による収入	×××
長期借入の返済による支出	−×××
配当金の支出	−×××
財務キャッシュフロー	×××
現金及び現金同等物に係る換算差額	×××
現金及び現金同等物の増加額	×××
現金及び現金同等物の期首残高	×××
現金及び現金同等物の期末残高	×××

点です。これこそがキャッシュフロー計算書の特徴なのです。

◆投資キャッシュフローとは？

「投資キャッシュフロー（設備キャッシュフロー）」は、機械設備の購入など、将来の利益を増やすために長期的に投下した資金の支払いと回収による資金の流れを示します。

具体的には、土地、建物、機械などの設備の購入や売却、または投資目的の有価証券の購入や売却、貸付金の支出と回収などです。

この設備キャッシュフローは、将来の業績向上のためにどの程度の資金を設備投資に支出し、または回収したかを見ます。とくに会社の投資政策を見る重要な情報でもあります。

◆財務キャッシュフローとは？

最後の「財務キャッシュフロー」は、営業活動や投資活動をスムーズに進めるための資金の調達や、借入金の返済による資金の流れを示します。

具体的には、借入金の発生やその返済額、社債の発行や償還、新株式の発行による増資（資本金を増やすこと)、自社の株主に対する配当金の支払額などが記載されます。

財務キャッシュフローは、長期借入金や短期借入金の資金調達（借入を増やす）をどれだけしたか、あるいは返済したかを示すものだと思っていいでしょう。

◆中心は「営業キャッシュフロー」

３つに区分して整理することで、単純にキャッシュの増減を整理するだけでなく、どのような活動でキャッシュが増減したのかが、明確なものになります。とりわけ「営業キャッシュフロー」はひときわ重要といえます。

なぜなら、商取引によるキャッシュの流れを把握するのが「営業キャッシュフロー」だからです。

つまり、会社が外部からの資金集めに頼らずに、自らの営業能力を発揮して、商品を仕入れ、営業費用をかけて稼いだ「売上高」がどれほどの現金および現金同等物を獲得したのかが把握できるのが「営業キャッシュフロー」でもあるからです。

ズバリ「本業が生み出すキャッシュ」の程度が把握できるのが「営業キャッシュフロー」だということができますね。

◆3つのキャッシュフローの関係を見よう

ではここで、実際に数字をあげながら、3つのキャッシュフロー計算書を見てみましょう（右図）。

このA社では、商品売上など、本業による収入が1億2,000万円あり、支払代金や人件費などの支出が9,000万円でした。これで、営業活動のキャッシュフローには3,000万円が残ります。

つまり、プラス3,000万円の営業キャッシュフローです。

ここでA社は、保有していた土地を3,000万円で売り、7,000万円の設備投資をしました。そのため投資活動のキャッシュフローはマイナス4,000万円になります。

このままだと手元に現金がなく、資金繰りが苦しくなります。そこで1,000万円を借り入れて、投資キャッシュフローの不足額を補ったわけです。

このように3つのキャッシュフロー計算書は、それぞれが関連し合いながら、キャッシュの動きを的確に把握することに役立っているわけです。

「3つのキャッシュフロー」の関係

営業キャッシュフロー

売上代金による収入　＋1億2,000万円
仕入代金、人件費などの支出　−9,000万円

プラス3,000万円のキャッシュフロー

投資キャッシュフロー

土地売却による収入　＋3,000万円
設備投資による支出　−7,000万円

マイナス4,000万円のキャッシュフロー

財務キャッシュフロー

借入れによる収入　＋1,000万円

プラス1,000万円のキャッシュフロー

◆キャッシュ(現金)のみが記載される

繰り返しますが、キャッシュフロー計算書は、入金と出金の両方が合計され、計上されます。その際、計算の対象となるのは「キャッシュのみ」です。

たとえば158ページで説明したように、営業キャッシュフローでは、売上代金が実際に入金されてないとキャッシュフロー計算書には計上されません。未回収の売掛金や買掛金、現金化されていない手形などは貸借対照表には記載されますが、キャッシュフロー計算書には計上されないのです。

もちろん、土地の値上がりによる「含み益」なども記載されません。資金繰りをラクにするためにも、ぜひキャッシュフロー経営を実践してほしいと思います。

第5章

「販売利益意識」を身につける10のポイント

利益をあげなければ営業じゃない！
売上をあげるだけでなく、
利益感覚を身につけることが、
営業マンにとって重要になる。
「数字」を追えば「仕事」は見えてくる！

1 売上高＝P（平均単価）×Q（数量）の発想を持つ

◆いろんな角度から「売上高」を見てみよう

「売上高を増やしたい」――ビジネスに携わる人たちの永遠の課題です。とくに、構造的変革期にあってはなおさらのことでしょう。

しかし、「売上高」という字をどんなに眺めてみても、どう工夫すれば売上高が増えるのかというヒントはいっこうに見つかりませんね。

ところが《売上高＝単価×数量》というふうに考え方を変えてみれば、売上高を増やす方法が見えてきます。

①お客の数を増やすか、顧客の買上単価を増やす。

②販売商品の数量を増やすか、１品の平均単価を上げる。

③営業時間を増やすか1時間当たりの売上を増やす。

――といったふうに発想が広がるでしょう。

「売上高=単価×数量」である

売上高=単価×数量
(Price)　(Quantity)

（売上増大の戦略は？）

客単価の増大	×	客数の増大
1軒（店）当たりの売上高の増大	×	得意先数の増大
1日当たりの売上高の増大	×	営業日数の増大
1時間当たりの売上高の増大	×	営業時間数の増大
1品当たりの単価の増大	×	販売数量の増大
イベント単価の増大	×	イベント企画数の増大
訪問単価の増大	×	訪問件数の増大
販売員1人当たりの売上増大	×	販売員数の増大
1坪当たりの売上高の増大	×	売場坪数の増大
工夫がカギ		意欲がカギ

◆発想を変えるだけで見えてくるものがある

このように、「計数感覚を磨く」ということは、単に数字の計算能力を磨く、ということだけではなく、「ものごとのしくみや発想方法を磨く」ことでもあるのです。

単純に売上数字を見るだけでなく、「売上高＝単価×数量」だという発想を持てば、仕事のヒントをどんどん広げることができます。

たとえば、①の「顧客単価を増やそう」と思えば、

顧客単価＝各商品の平均単価×買上げ品目数

と考えて見ることもできます。

つまり「顧客単価」を上げるためには、お客様の買上げ品目を「関連商品等のお勧め販売」で増やすか、「販売商品のグレードアップや高機能商品の販売」を推奨して１品の平均単価を上げればよいということになります。

また、たとえばルートセールスの場合に「客数」を増やそうと思えば、

客数＝担当店舗数×口座稼働率

ということになります。

視点を変えてみよう

「売上高＝単価×数量」にヒントがある

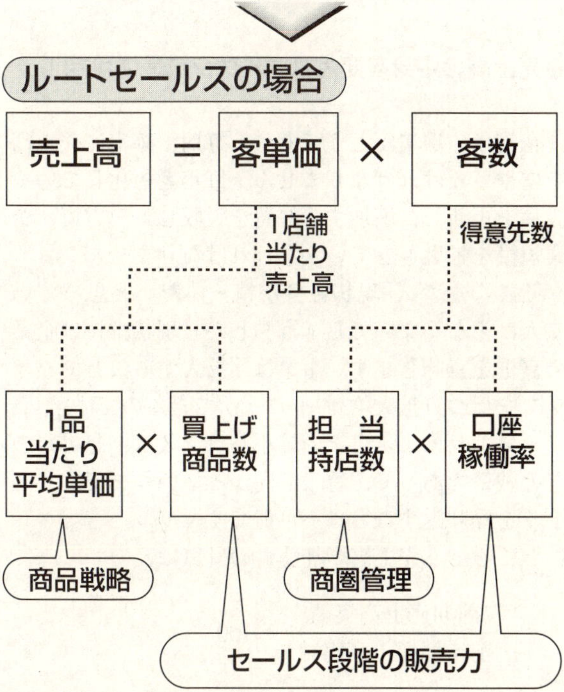

2 売上増加率は個別に見る習慣を持とう

◆売上高の中身を変えれば2ケタ成長は可能！

企業は、環境がどうであれ、毎期、確実に売上高を増やさなければなりません。毎年老朽化していく設備を更新し、増加する経費を吸収し、一方で、企業規模を拡大させていかなければなりません。

そんななか、「現状維持が精一杯だ」と思っている人は少なくないでしょう。しかし現状維持は企業の衰退を意味します。事業は「拡大することでバランスを保つ（拡大均衡）」ことができるのです。

リストラによる事業の縮小バランスは、急場しのぎの戦術であって、将来に向かっていつまでもリストラを繰り返すことは不可能です。

ところで「売上高増加率」の計算は、

$$\frac{\text{前期売上高実績}}{\text{前々期売上高実績}} \times 100$$

ですね。ただ、この計算ではグロスの売上高増加率はわかりますが、「さらに売上高を増加させるにはどうすればよいのか」というヒントまでは見えてきません。

◆売上高増加率はそれぞれ異なる

単一商品を単一顧客に販売しているのであればともかく、現実の企業は「いくつかの複数商品」を「複数のチャネルや顧客」に販売しています。

それらのなかには、伸びているものも減少しているものもあります。つまり、「どの商品、顧客が売上増加に寄与したのか」あるいは「衰退したのか」という判別が重要になるのです。「まとめていくら」の発想では、今後の売上高増大策は見えてきません。

仮に、売上高増加率が108%だったとしましょう。この場合すべての商品や得意先が一様に108%伸びたということは、まずありません。ある商品は120%伸びたかもしれないし、反対に、前年に比べて 80%に落ち込んだものもあるのです。

売上高を伸ばすためには、商品ごと、得意先ごと、担当者ごとに「増加率を個別に見る習慣」をつけることです。そうしないと「今後どうすべきか」という対策案は生まれません。

◆成長寄与率の発想を持とう

個別の成長率とトータルの伸び率がひと目で分かる方法があります。右の図を見てください。このように「成長寄与率」を出してみることで、ポイントが理解できます。

成長寄与率とは「前々期売上高構成比（伸びる前の売上高ウエイト）」に対前年の伸び率を掛け合わせたものです。

商品ごと、得意先ごとに求めたこれらの成長寄与率の合計がトータルの売上高増加率と一致します。

重要なことは、このように個別に分析をすることによって、

①何が伸びて、何が落ち込んだか

②それはなぜか

③では、どうすれば伸びているものをさらに伸ばすことができるのか

④落ち込んだものを活性化するにはどうすればいいのか

といった個々の対策を検討することなのです。

つまり成長寄与率を算出する本当の目的は、「情報を個別に眺める習慣」を身につけることにあるわけです。

成長寄与率の発想を持とう

区分（商品・顧客）	前々期売上高	①前々期の売上構成比 %	②対前年伸び率 %	①×② 成長寄与率（相乗係数）
A	12,000	30.8	100	30.8
B	10,000	25.6	105	26.9
C	8,000	20.5	120	24.6
D	6,000	15.4	90	13.9
E	3,000	7.7	150	11.6
合計	39,000	100 %	107.8	(107.8)

①何が伸びて、何が落ち込んだか

②それはなぜか

③伸びているものをさらに伸ばすにはどうするか

④落ち込んだものを活性化するにはどうするか

3 単品の粗利益率改善は困難でも、トータルの粗利益率は上がる！

◆粗利益率をどうやって上げるか？

構造的変革期を迎えてどのような業界にも共通していえることは、粗利益率の低下です。とくに価格破壊が深刻で、通常の価格ではなかなか販売しづらくなっています。

しかし現実はどうであれ、企業は生きのびなければなりません。従業員も給料や賞与を増やしてほしいでしょうから、粗利益額を増やさなければならないのです。そのためにはどうしても、粗利益率の改善が必要になってきます。

粗利益額は、

売上高×粗利益率

で計算されますが、売上高を伸ばすのはなかなか簡単にはいきません。であるならば、必然的に粗利益率を上げることを優先しなければ粗利益額を増やすことが困難になってきます。

◆簡単に個々の粗利益率は改善できない！

ところで、現状15％の粗利益率を確保している商品があったとします。この商品の粗利益率をさらに１％アップさせることが簡単にできるでしょうか。

答えは、多分「NO」でしょう。

そんなことが簡単にできるようだと、これまでの売り方がいかにデタラメだったか、ということになります。いろいろと努力をした結果が現状の粗利益率になっているからです。

とくに成熟商品の場合、現状の粗利益率を維持すること自体がむずかしいものです。1000分の１程度の改善はできるとしても、大幅に１％も２％もの改善はできないのが普通でしょう。

また「粗利益額」は、売上高から売上原価（仕入原価）を引いたものですから、「粗利益率を改善向上するためには原価を引き下げること」――だと考えて、仕入価格の引き下げを仕入先に頼み込むケースが多く見られます。

ところが仕入先も同様に粗利益改善を最優先させられていますから、簡単にはこの相談に乗ってくれません。どうすれば粗利益率の改善ができるのか、知恵を絞らなければならないのです。

◆商品個々の粗利益率は異なる

一般に、どの企業でも販売商品をいくつか持っていますが商品によって粗利益率は異なります。粗利益率の低い、安い商品ほど売りやすいものですが、そればかり売っていると、会社の粗利益率はいつまでたっても改善向上しません。

右の図を見てください。ある営業担当者の販売実態です。A商品の販売が多いですね。しかしこのA商品は粗利益率が10%と低い水準になっています。最も粗利益率の高いD商品は、全体の売上の１割しか占めていません。

商品の売上構成比が逆転すればどうなるでしょうか。商品個々の粗利益率は同じであっても、全体の粗利益率は大きく改善されることになります。つまり、この例の場合だと、トータルの粗利益率は、全体で15%から20.75 %へと5.75%も改善されることになるのです。

要するに、考え方の問題なのです。

◆販売内容の違いが粗利益率を変える

別の営業マンQ君は、前月の売上高が少なかった

売上商品構成を変えるだけで粗利益率も変わる！

商品	売上構成比	個々の粗利益率	利益相乗係数
A	40.0 %	10.0 %	4.0
B	30.0	15.0	4.5
C	20.0	18.5	3.7
D	10.0	28.0	2.8
合計	100 %	15.0 % ＝	15.0 %

A	10.0 %	10.0 %	1.0
B	20.0	15.0	3.0
C	30.0	18.5	5.55
D	40.0	28.0	11.2
合計	100 %	20.75 % ＝	20.75 %

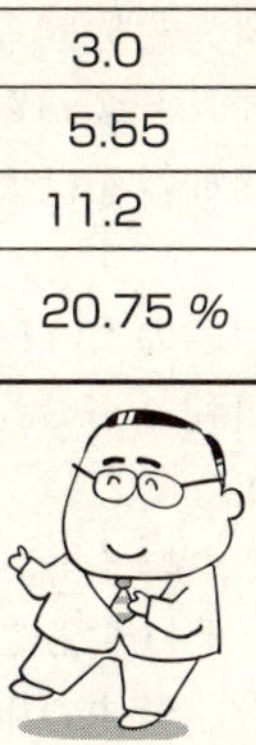

ため、今月は必死で頑張りました。その結果、売上高は伸びましたが、粗利益率がグンと下がってしまいました。なぜでしょうか。

それは、先のケースの逆をやったためでした。

Q君は「売上高アップ」ばかり意識し、つい量がさばける商品を中心に販売攻勢をかけたのです。そのために売上高は若干伸びたのですが、量のさばける商品の粗利益率は低いために全体の粗利益率を下げてしまったのです。

またY君は、粗利益率の高い商品に的を絞って売り込み努力をしました。粗利益率の高い商品は取引量が少ないのですが、これを少しでも伸ばそうと販売先や販売方法を工夫し、高粗利益率商品の販売を努力し伸ばしました。その結果、トータル売上高は前月と変わらなかったのですが、粗利益率が伸びて粗利益額は大きく増えたのです。

このように、売上を伸ばすことがむずかしければ、粗利益率の改善を考えてみましょう。その場合、重要なことは、「粗利益率の高い商品や販売先への売上ウエイト」を高めることです。

そうすることで、個々の粗利益率は変わらなくても、全体の粗利益率を高めることができます。

売上よりも粗利益を大切にしよう

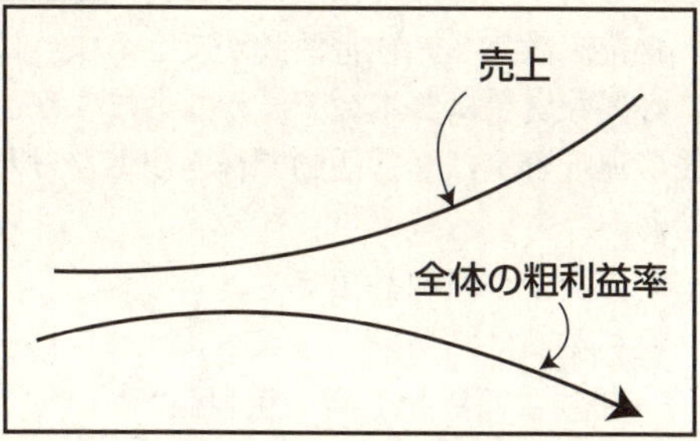

粗利益率の高い商品を多く売る努力をしよう

4 粗利益率変化の変動要因は５つある

◆商品個々の粗利益率は異なることを再認識する

経営活動を進めていくには資金が必要です。事業を創業するときに資本を集めるのはそのためです。しかし資本金だけでは企業は維持できません。

企業を設立し、経営活動ができるようにするために必要な資金は資本金でまかないますが、スタート後の運転資金は経営活動で稼ぎ出さなければなりません。

その資金が粗利益額です。

粗利益額は、

《粗利益額＝売上高×粗利益率》

で計算されますが、売上高を増大させて粗利益額も稼ぎ出すことは大変です。

「利は元にあり」――聞き慣れた言葉です。粗利益率が低い原因は“仕入価格が高い”からだという考え方です。たしかに一理あります。しかしそれだけでは粗利益率改善は困難でしょう。

商品個々の粗利益率や販売チャネルごとの粗利益率改善は困難だとしても、トータルの粗利益率改善は可能である——という視点を養わなければならないのです。

◆なぜ粗利益率が変動するのか？

流通業の粗利益率変化変動の要因は、次の5つあるといえるでしょう

①売上商品構成のバランス

商品個々の粗利益率は、当然異なります。粗利益率の改善ということになると、すぐ仕入の改善を考えがちですが、それは狭い見方です。高粗利益商品の売上ウエイトが増大すれば、全体の粗利益率も高くなることに注目しなければならないのです。

②販売客層構成のバランス

商品個々の粗利益率が異なるように、購買客層によっても粗利益率は異なります。つまり、大口客への売上ウエイトが高くなれば、全体の粗利益率は低くなります。

ただしこの場合は売上絶対額は増えますから、売

上高と粗利益率のバランスを考えながら、販売ウエイトのかけ方を考える必要があります。

③販売理念や販売員の意識

ライバルを意識するあまりに安売り商法をとったり、販売員が商品知識を中心に自信がないために安易な値引をしたりすれば粗利益率は低くなります。全社員が価格に対して確固たる信念を持ち、サービスの質を強化することで、粗利益率は維持向上できるのです。

④商品のロス率

破損やデッドストックはもとより、伝票なしの出荷や伝票操作ロスは、その量の多少にかかわらず粗利益率に影響を与えます。

とくに、昨今は仕入先への返品については、仕入先の返品受入れ価格を確認した上で、赤伝票を発行しなければ、その差損は売り手の粗利益の減少になるのです。

⑤仕入のコスト

いうまでもなく、仕入の方法や支払条件によって仕入コストは違ってきます。仕入のロットをできるだけ大量にしたり、仕入窓口(同類商品の仕入先数)を極力絞り込んだり、現金払いなどで支払条件をよくしたりすることで仕入コストが引き下げられ、粗利益率は高くなります。

粗利益率変化変動の要因

（流通業の場合）

① 売上商品構成のバランス

高粗利益商品の売上ウエイトが増大すれば、
全体の粗利益率も高くなる。

② 販売客層構成のバランス

たとえば大口客への売上ウエイトが高くなれば、
全体の粗利益率は低くなる。

③ 販売理念や販売員の意識

安易な値引は粗利益率を下げる。全社員が価格に
対して確固たる信念を持ち、サービスの質を強化
することで、粗利益率は向上する。

④ 商品のロス率

破損やデッドストックなどのロスは、粗利益率に
影響を与える。

⑤ 仕入のコスト

仕入のロットを大量にしたり、現金払いなどで
支払条件をよくすることで粗利益率は高くなる。

◆「利は先にあり」の発想を持とう

先ほど述べた「利は元にあり」という言葉については、⑤がそれに当たります。つまり、粗利益率を上げるには仕入コストを考える、ということです。

一方、④は、商品管理や事務管理、業務管理などの“管理レベル”を改善することで粗利益率が改善されますから、「利は管理にあり」ということができるでしょう。

私がここで強調したいのは、①～③です。これらはいわば「利は先にあり」ということなのです。販売のルート、販売商品構成、販売姿勢などの“販売戦略”や“営業政策”に関わるものです。つまり、販売以前の段階で粗利益率を試算し、販売比率を改善することが重要だということです。

流通業で粗利益率が低いのは、たいていの場合①～③の認識不足による「成り行き販売」が原因だといえます。

「利は先にあり」の考え方で!

「利は元にあり」

仕入コストなどを下げることで
利益を大きくする

しかし、これからは…

「利は先にあり」

販売ルート、商品構成、販売姿勢
などの"販売戦略"を変えること
で利益を生み出す

5 交差主義比率が理解できれば商品効率は大きく変わる！

◆経営は投資効率の追求である

経営とは、数字的には投資効率の追求だといえます。どれだけの資本を投下して、どれだけの利益をあげたか。どれだけの経費を投じてどれだけの利益（売上高）をあげたか――の追求が経営なのです。

なかでも商業の場合、基本的な投資は「商品投資」です。「商品の提供やサービスを提供することによって」利益をあげているからです。

その意味で、「商品投資効率」の追求は重要だといえるでしょう。

商品の投資効率は、

（粗利益÷平均在庫）×100

で計算します。

これは「平均在庫投資100円に対してその何倍の付加価値(粗利益)を稼いだか」という意味で、この指標を「商品投資効率」と呼びます。そしてさらに、

「交差主義比率」とは?

$$\frac{\text{粗利益}}{\text{平均在庫高}}=\overset{①}{\frac{\text{売上高}}{\text{平均在庫高}}}\times\overset{②}{\frac{\text{粗利益}}{\text{売上高}}}$$

商品回転率

粗利益率

2つが"交差"するので、商品投資効率を「交差主義比率」という

この指標は、

$$\frac{\text{粗利益}}{\text{平均在庫高}}=\overset{①}{\frac{\text{売上高}}{\text{平均在庫高}}}\times\overset{②}{\frac{\text{粗利益}}{\text{売上高}}}$$

に分解できます。①は商品回転率、②は粗利益率ですね。

つまり、商品投資効率は商品回転率と粗利益率の相乗積ということです。

このことから「商品投資効率」を別名「交差主義比率」と呼ぶのです。

商品には回転率の高い特性を持ったもの、回転率は低いが粗利益率が高い特性を持ったものがあります。前者は生鮮食品等、後者は宝石貴金属などが代表的な商品でしょう。両者は当然異なった売り方をしなければなりませんね。

前者の場合、少々粗利益率が低くても回転率で稼ぎ、後者は逆に高い粗利益率で稼ぐ、というふうに個別に考えるべきなのです。

◆「在庫投資資金の効率」＝「商品回転率」

前述したように、商品回転率は、

$$\text{商品回転率} = \frac{\text{売上高}}{\text{平均在庫高}}$$

で計算します。意味は「平均在庫投資金額の何倍の売上高を実現したか」ということです。言い換えれば、在庫投資をした投下資金が、何回回収されたかということにもなります。

商品別に分析する

商品別実績表

	商品分類	売上高	粗利益額	平均在庫高
1				
2				
3				
4				
5				
6				
7				
8				
9				
10				

商品別分析表

商品	粗利益率	商品回転率	交差比率
1			
2			
3			
4			
5			
6			
7			
8			
9			
10			

ということは、商品回転率には貸借対照表の資金効率を見る、という重要な意味があります。

いずれにしても営業マンにとって商品は命です。商品を売る、あるいはサービスを提供する以外に、売上高や利益を獲得することはできません。

この商品がどれだけの売上高に結びついているかを判断したり、年間に在庫が何回入れ替わっているかを見るのが回転率なのです。

◆「収益性の原動力」=「粗利益額」

一方、粗利益率は「損益計算書の利益の源泉で、損益計算書の良否を決める重要指標」です。

繰り返しますが経営は売上高を財源とするものではなく、「粗利益の配分」で営まれるものです。いくら売上高が多くても、粗利益額が充分でなかったら利益も残りませんし、最悪の場合、破綻してしまいます。“粗利益率”を高め売上高を増やしてこそ粗利益額は増えるのです。

このように、「交差主義比率」を理解することで商品の在庫投資や品揃方法、さらには販売方法がよりいっそうシビアに検討され、経営効率は改善されるでしょう。回転率だけではダメで粗利益率だけでもダメ。両者のバランス（交差）です。

ルートセールスの場合、顧客の断り文句として、「回転率が低いから」とか「粗利益率が低く旨みがない」といったものがよくあります。

この場合、「交差比率」で説明して納得してもらわなければなりません。回転率の低さを指摘された場面では粗利益率の優位性を説明し、粗利益率の低さを指摘された場面では、回転率の優位性で納得してもらうのです。

商品には、「回転志向型商品」と「利益志向型商品」が存在するものです。例外として「両方ともに優れた商品」や、「両者ともに劣る商品」もないことはありませんが、そんな商品は特殊なものと考えたほうがいいでしょう。

6 「代金回収サイト計算」がわかれば回収サイトは短縮できる！

◆「回収サイト」とは？

「回収サイト」とは、代金回収のスピードをいいます。販売してから販売代金が入金されるまでの期間——と言い換えてもいいでしょう。

この回収サイトが1日早いか遅いかで、経営活動で重要な「資金繰り」に大きな影響を与えます。こんにち非常に関心の高い「キャッシュフロー」の問題にも大きな影響を与えているのが「売上債権（販売代金の未収部分・売掛金及び受取手形）」でもあるのです。

一般的に、回収サイトは、

《受取回収サイト÷回収率》

で計算します。

「受取サイト」とは集金したものそれ自体のスピードのことです。そこで、もし100%集金ができていれば、この受取サイトそのものが「回収サイト」ということになるのですが、少しでも集金残があった場合は、回収率で割って計算します。

たとえば、請求総額が100万円で回収金額は90万円（回収率90％）、回収した90万円の内訳は現金が40万円で受取手形が50万円とし、さらに現金を集金するのに10日間かかり、もらった受取手形は、「期間90日」とします。

この場合の回収サイト計算は、

$$\frac{(40万円\times 10日)+(50万円\times 90日)}{40万円+50万円}=54.4日$$

と、まず「受取回収サイト」を算出します。この例の場合は54.4日ということになります。そして、未回収が10万円あり回収率90％ですから、この回収率で先の受取回収サイトを割るのです。

答えは 54.4÷90％で60.4日ということになりますが、0.4日など存在しませんから端数はすべて繰り上げて61日となります。

◆回転日数で計算する

さらに会社の「財務的単位」で考えると、販売代金のうち現金化されていない受取手形・売掛金は「資産」になります。この資産がどれほどになっているかという分析・評価をしなければなりません。
この場合「回転日数」で計算します。

$$\frac{（売掛金+受取手形）\times 365日}{年売上高}$$

で計算します。回転日数というのは「1日の商い高（売上高）」に換算した数値のことです。

つまり、売上債権（売掛金+受取手形）が同じ1億円の場合、その企業の「1日当たりの売上高規模」によって評価は違ってきます。1日の商いが1億円の会社であればわずか1日分だし100万円の会社だと100日分となります。

仮に、年商が3,650億円で売掛金、受取手形の合計が950億円だとすると、

$$\frac{（950億円\times 365日）}{3{,}650億円}=95日$$

になります。この例の場合、1日平均10億円の売上高ですから、売上債権残高が950億円あると、1日平均売上高の95倍もある——となるのです。要するに、代金回収サイトが1日早くなるか遅くなるかで、このケースの場合だと10億円もの資金が不足したりすることになります。

「たかが1日の集金の遅れじゃないか」

現金込受取回収サイトの計算

例

請求総額が100万円で回収金額は90万円
（回収率90%）

<回収した90万円の内訳>

・現金が40万円で受取手形が50万円
・現金を集金するのに10日間
・もらった受取手形は「期間90日」

この場合の回収サイト計算は？

$$\frac{(40万円\times10日)+(50万円\times90日)}{40万円+50万円}=54.4日$$

未回収が10万円あり回収率が90%だから
この回収率で受取回収サイト（54.4日）を割る

$$\frac{54.4}{90\%}=60.4日$$

$$現金込代金回収サイト=\frac{受取回収サイト}{回収率}$$

という考えは、絶対に禁物なのです。

◆回収サイト計算式から回収改善策をつかむ

先に確認したように代金回収サイト計算は「受取サイト」を「回収率」で割って計算しました。この算式をもっとていねいに説明すると、

現金込回収サイト＝①受取回収サイト÷②回収率

①受取回収サイト

$$\frac{（現金集金\times日数）+（集金受取手形\times日数）}{現金集金+手形集金}$$

（注）日数とは起算日から集金日までの日数で、起算日の１日を加算した日数。

②回収率
（集金総額÷請求総額）×100

ということになります。この算式をよく見れば、「現金込回収サイトの短縮を果たすヒント」も見えてくるはずです。

回収サイトを短縮するには?

(回収改善課題)	(戦略的改善方法)
①「全額回収」	全額支払いの顧客に売る
②「現金回収の増大」	現金支払いの顧客に売る
③「短い受取手形回収」	短い手形支払い客に売る
④「集金速度を早める」	支払日の早い顧客に売る

代金回収論は「戦略論」で考えなければ改善しない!

7 損益分岐点のしくみが理解できれば赤字は出ない！

◆収支トントンの点が「損益分岐点」

経営活動における「経常収支を判断するもの」が《損益分岐点売上高》です。損益分岐点とは、その名のとおり「損失を出すか利益を生むかの境目」ということです。

$$損益分岐点売上高 = \frac{固定費}{1 - \frac{変動費}{売上高}}$$

上は、損益分岐点売上高を求める算式です。109ページで確認したように、費用には２つの種類があります。

①変動費———変化する費用
②固定費———変化しない費用

の２つです。つまり、費用の中には「売上高の多少、増減に比例して増えたり減ったりする費用」と、

「売上高の多少や増減に関係なく必要になる費用」があります。前者を「変動費」、後者を「固定費」と呼びましたね。

では、両者の具体的な内容はどうかというと、変動費は中心が売上原価であり、あとは営業経費のなかの販売費、つまり物流費や広告宣伝費、拡販費等が含まれるのですが、実務レベルでは「変動費＝売上原価」と考えたほうがいいでしょう。

そうすると、「売上原価以外を固定費」と考えても差し支えなく、先にあげた複雑な数式も、次のような簡単なものになります。

分母の内容を実務レベルに置き替えれば、

$$\frac{\text{売上高}}{\text{売上高}} - \frac{\text{売上原価}}{\text{売上高}}$$

ということになるのです。この分母は「粗利益率（売上総利益率）」のことですね。であれば、損益分岐点売上高の計算は、

《固定費÷粗利益率》

で計算されます。

固定費と同額の粗利益額を捻出しなければ「固定費>粗利益額」となって、経営は赤字になります。つまり「固定費=粗利益額」を実現するための売上高はどれだけかというのが「損益分岐点売上高」な

のです。右図は、損益分岐点売上高を図表で求めるものです。

◆「収益－費用＝利益」か「収益－利益＝費用」か

先の損益分岐点売上高は、採算点ギリギリの売上高を求めるものでした。

〈損益分岐点売上高の事例〉

X社は毎月必要な固定費は 2,500万円です。粗利益率が15%とすれば、X社の年間必要売上高は最低どれだけか？

（2,500万円×12カ月）÷15%＝200,000万円

つまり、年間200,000万円の売上で収支トントンというわけです。さらに検討してみましょう。

［検証］

200,000万円×15%=30,000万円（年間粗利益）

◎年間必要固定費 ＝ 年間計上粗利益額

30,000万円　　　　　30,000万円

このように、年間粗利益額と年間必要固定費が同額になりますね。

しかし、このような採算点ギリギリの売上高では

損益分岐点図表（利益図表）

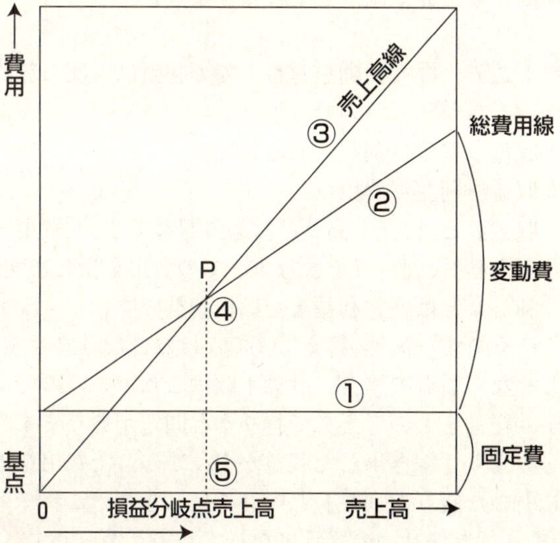

図表の書き方

まず正方形の図に、縦軸に費用、横軸に売上高を目盛る。

① 固定費線を記入。
② 固定費線の上に変動費を加え「総費用線」を引く。
③ 基点から対角線「売上高線」を引く。
④ 総費用線と売上高線が交差した点Pが損益分岐点。
そこから真下に線を下ろす。
⑤ この目盛が「損益分岐点売上高」。

経営の意味がありません。採算点に利益がプラス上乗せされた売上高が必要になります。

そこで、経営活動を営む上での判断は、次の算式のどちらが正しいのでしょうか。

①収益－費用＝利益　あるいは

②収益－利益＝費用

「収益」とは、売上高及び営業外収益です。「費用」とは変動費、固定費を含むすべての費用を指します。「利益」とは経常利益または純利益です。

そうです。当然、答えは②でなければなりません。なぜなら前者の場合、計算手順はこれでいいのですが、経営をこの考え方で行なうと問題があります。

つまり「稼ぎ出した収益から、かかった費用を差し引いた残りが利益」ということになり、これでは“成り行き任せ”の経営になってしまうからです。

不幸にして、収益よりも費用が多ければ「利益はマイナス利益」になってしまいます。それに対して、後者の考え方は利益を絶対視（優先）していますから“健全計画経営”ということになるのです。

◆必要利益を稼ぎ出す売上高とは？

そこで、これらの考え方を損益分岐点売上高の公

収益から費用を引いた残りが利益!?

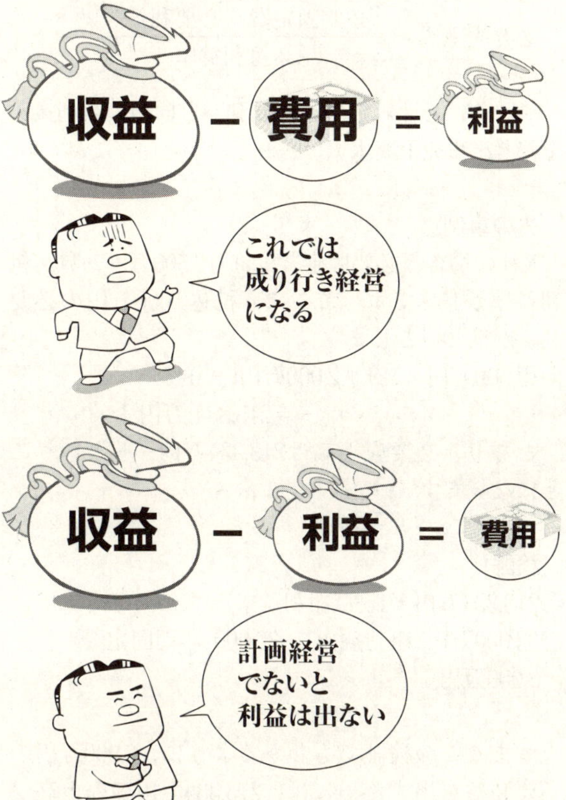

式に導入してみます。

$$必要売上高 = \frac{必要固定費 + 必要利益}{見込粗利益率}$$

つまり、必要固定費と必要利益と同額の粗利益額を稼ぎ出す売上高水準はどれだけかということです。

〈先の事例〉

X社の場合、必要固定費は毎月2,500万円、見込粗利益率が15%です。ここに、税込2,000万円の必要利益が欲しいとします。

{(2,500万円×12)+2,000万円}÷0.15
=213,334 万円

となり、必要売上高は213,334万円——ということになります。

[検証]

◎213,334万円×15%(粗利益率)=32,000万円
◎32,000万円(粗利益額)−30,000(年間固定費)
=2,000万円

つまりこの検証でもわかるように、2,000万円の必要利益を出すためには、213,334万円の売上高が必要になるわけです。

必要売上高はいくらか？

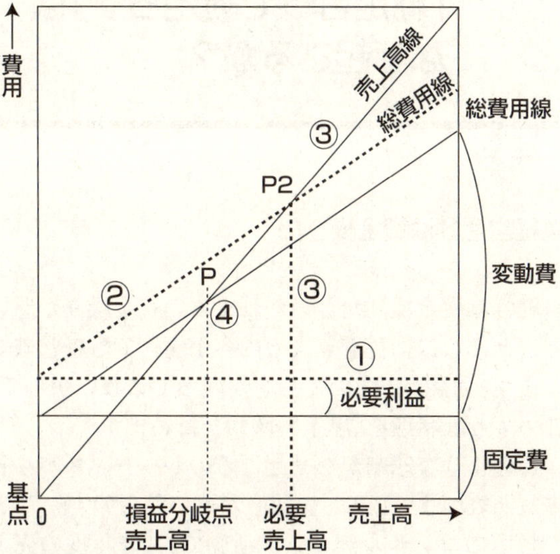

図表の書き方

201ページの「損益分岐点図表」の上に、

① 「必要利益」を固定費線（総費用の線）上に上乗せする。

② その結果、総費用線が上に平行移動する。

③ この平行移動した線と対角線（売上高線）が交差した点（交点）P2から垂線を引いた点が、必要利益を確保した売上高（必要売上高）。

8 「勘定合って銭足らず」はなぜ起こるか？

◆経営活動は資金繰りだ！

経営は資金繰りだといわれます。資金繰りが悪いと、どんなに損益計算書の内容が優秀でも経営破綻します。利益が出ていても金が回ってこないからで、このような状態を「黒字倒産」と言います。

このような悲劇がなぜ起こるのか——。ズバリ貸借対照表つまりB/Sへの関心が薄いからです。

日頃のコンサルティング活動で、「昨年度の売上高は？」とたずねると大まかでも数字が返ってきます。ところが、「昨年度の期末の総資本は？」と質問すると、「ええっと……」と戸惑いながら「少し待ってください。決算書を出します」といった具合です。

細かな勘定科目を質問しているのではなく、合計の総資本をたずねているのに、答えられる人は約1割ぐらいでしょうか。

普段から数字に関心を示していない証拠です。ビジネスパーソンの多くは、「売った買った」の損得勘定には強い関心を寄せているものの、販売するための「在庫」や、売った結果の「売上債権(売掛金、受取手形)」などにはどうも関心が薄いようです。

◆一見同じように見える4社だけれど……

参考までに、209ページの4社の業績内容を見て、どの企業がいちばん良いと答えられるでしょうか。2番目は？　3番目は？　最も良くない企業はどこでしょうか。順位が決まれば、順位づけした理由も考えてみましょう。

売上高から粗利益までは、各社とも同じですね。ただ、売上原価の内容が少し違います。

A店とC店は仕入高が9,000ですから、期末在庫は期首在庫と同額の1,000になっています。ところがB店とD店は10,000の仕入をしているので、期末在庫は2,000になっていますね。

さらに代金回収については、A店とB店が100%の回収をしているのに対して、C店とD店は90%しか回収できていません。

――これだけの情報をもとに、各店の財務内容を分析・評価してみましょう。

粗利益までの数字は、４店とも優劣ありません。つまり「損益計算書」の内容はすべて同じ成績だということです。しかし各店のストック状態（財産内容）を検討すれば、まったく違っているのです。

A店の粗利益は「現金」で残っています。

B店の粗利益は「在庫」で残っています。

C店の粗利益は「売掛金」で残っています。

D店の粗利益は、B店と同じく「在庫」で残っていますが、代金回収が90%ですから、仕入代金の全額を支払えない状態です。つまり1,000の資金ショートを起こしています。

このように粗利益をストック（バランスシート／貸借対照表）の面から評価すれば、各店の業績はまるで違ってくることがわかります。

さらにその先を評価してみます。

会社は稼ぎ出した粗利益で社員の人件費を支払うわけですから、A店は給料袋にちゃんと現金が入っています。したがってA店が「１位」です。

ところがB店の場合は月給日に商品センターに招集がかかり、給料が“現物支給”ということになりますね。

C店の場合は給料袋の中には得意先への請求書が

どの店の財務内容が良いか

設問

次の各店の業績内容を見て、最もその内容の良い店から順位づけをしなさい。また、順位づけをした理由も答えなさい。

	A店	B店	C店	D店
売上高	10,000	10,000	10,000	10,000
売上原価	9,000	9,000	9,000	9,000
粗利益	1,000	1,000	1,000	1,000
（売上原価の明細）				
期首在庫	1,000	1,000	1,000	1,000
期間仕入	9,000	10,000	9,000	10,000
期末在庫	1,000	2,000	1,000	2,000
（代金回収）	100%	100	90	90
順位づけ	位	位	位	位

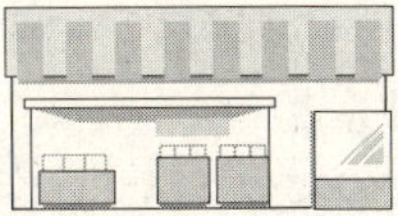

入っています。集金して給料にあててくれ、ということです。

あえて順位をつければ“現物”があるだけB店が上――ということになるでしょうか。

D店はもっと深刻です。会社も資金が足りないのでしばらく待ってほしいと、給料が遅配になります。

もちろん現実にはB、C、D店とも給料は現金で支払われるでしょうが、その資金は借入金に頼ることになります。

まさに「勘定合って銭足らず」そのものですね。

損益計算書では、利益がたくさん残っていなければなりません。しかしすべての取引が「キャッシュ&キャリー（現金と商品をその場で交換する）方式」であればともかく、信用取引の場合は利益がどんなに多くてもその中身が現金でなければ、「良い成績」だとはいえないのです。

たとえば売上は多くても、中身は売掛金や受取手形ばかりだと、会社に“現ナマ”はなく、資金繰りは苦しくなります。

上場会社には「キャッシュフロー計算書（Cash Flow Statement）が義務づけられているのは、そういう理由なのです。中小企業はキャッシュフロー計算書をつくらなくてもかまいませんが、健全な経営のためにはぜひ作成することをおすすめします。

A、B、C、D、4店の粗利益の内容

A店　現金1,000万円

B店　在庫1,000万円

C店　売掛金1,000万円

D店　在庫1,000万円

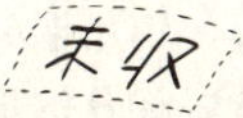

＊1000万円の代金
支払いができない

粗利益をB/Sのストックの面から見れば、
同じ1,000万円でも大きく違う。
キャッシュフロー経営をめざそう!

9 カネは集金のスピードで値打ちが違う

◆代金回収が遅れたら……

経営活動のポイントは資金繰りだといわれます。キャッシュ&キャリー（現金取引）であればともかく、信用取引が中心になっている場合では、とくに資金繰りは重要になります。

3日後に1,000万円の入金が予定されていても、明日決済しなければならない支払手形の決済資金が50万円不足して決済できなければ不渡りを出し、企業は破綻に向かっていきます。

集金は、慣例として月末、翌5日、翌10日……という形で行なわれています。たとえば20日に締めたものが予定である月末に全額集金できず、翌月の10日になることもあります。そうなると会社は、10日間、支払が滞ります。

あなたの通常給料日が25日だったとします。ところが会社は資金繰りが悪くて、給料分の集金ができていなかったとします。

こうなると25日までに会社は金融機関から借入れをして、給料の支払にあてます。しかし金融機関から借入れができなかったらどうなるでしょう。給料は遅配になりますね。

家では、家賃や光熱費の支払が待っていますから、家計も大変です。

給料だけの問題ではありません。予定どおり入金されないと、仕入先への支払もできなくなりますから、仕入先も同じように資金繰りに苦しみます。

つまり、予定している日に予定している集金（資金）が集まらなかったらたいへんな事態を招くことになるのです。必要な日よりも後になって、必要資金の何倍もの金額が集まっても、その資金は資金繰り的にはまったく価値がありません。

「カネは集まるスピードで値打ちが違う」

ということなのです。

◆「全額支払う顧客」への販売を強化しよう

信用取引がベースとなっている業界では、利益もさることながら、販売代金の完全回収も大きな問題です。

どんなに買上金額が多くても、あるいはどんなに粗利益をたくさんもらえるお客様でも、支払が滞りがちだと「いいお客様」とはいえません。買っていただいた商品の販売代金は、全額を約束の日に確実に支払ってくれてこそ、「いいお客様」なのです。

支払内容には、その会社の“経営哲学”があらわれるともいわれます。これはまさに至言でしょう。

あり余る豊富な資金を持ちながら支払の悪いお客様がいます。反対に、失礼ながら資金繰りが苦しいはずなのに毎月きちっと全額支払ってくれるお客様もいます。

こうした支払内容を見れば、お客様の“経営哲学”が見えてくるのです。家財道具を処分してでも支払をきちっとすませるようなお客様こそ、本当のお客様です。このような「全額きちんと支払ってくれるお客様」に販売を集中させなければなりません。

◆支払条件の良い顧客への販売を強化しよう

販売代金の早期回収を実現するためには、支払条件の良いお客様に販売を集中させることが大切になります。翌々月に半額、さらにその翌月に半額――

回収のスピードは速いほど値打ちがある

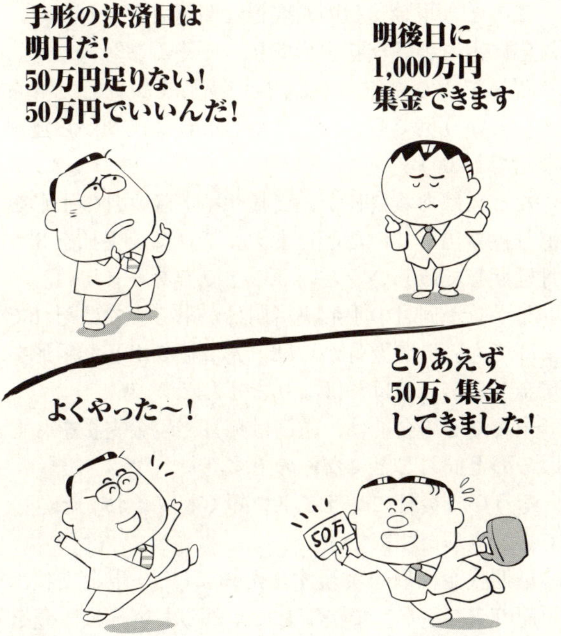
手形の決済日は
明日だ!
50万円足りない!
50万円でいいんだ!
明後日に
1,000万円
集金できます
よくやった〜!
とりあえず
50万、集金
してきました!
50万

カネは速く集金できれば効果的に生かせる!

といったお客様より、翌月に全額支払ってくれるお客様への販売を強化しましょう。

このとき現金支払のお客様は問題ないとしても、対応に困るのは支払手形で払ってくるお客様です。

現場でよく見るのが、「長い手形を短縮してもらえ」という例でしょう。しかしこれは最初から無理な話でしょう。

たとえばある会社が、支払サイト３カ月の手形を毎月振り出していたとします。これは「支払を３カ月延期してほしい」ということでもありますね。

しかし１回目の手形決済期日が来るまではそれでよくても、その翌月からは、先に振り出した手形を現金で決済しなければなりません。

つまりその会社は、結局は毎月、現金支払をしているのと同じことになるのです。

そういう会社に「サイトを短くしてくれ」と言っても、無理な相談です。

早期代金回収を実現するためには、「現金支払、短期の支払手形」で決済してくれるお客様に販売をできるだけ集中しなければならないのです。

◆「集金速度」を速める！

代金回収の早期化を実現する方法としては、「集金速度」を速めることも重要です。

集金速度とは、集金をした日が平均して何日かかったかという考え方です。

たとえば20日締めの請求で、請求額が200万円の場合、当月末に60万円、翌月10日に100万円、20日に40万円をそれぞれ集金した場合、「集金速度」は何日になるでしょうか。

この場合、20日締めですから当月31日までは11日、翌10日までは21日、翌20日までが31日となります。

つまり、

11日×30%（60万円）＝3.3 日
21日×50%（100万円）＝10.5日
31日×20%（40万円）＝6.2 日

となり、合計20日になります。

つまり締め日から平均20日間で集金をした理屈になるわけです。

主要な得意先の集金速度をチェックしてみましょう。カネは速く集金できればそれだけ有効活用できるのです。ましてやいつまでも回収できないようなカネは、経営活動を圧迫するだけです。

10 販売を予測する計数について見てみよう

◆季節変動指数の意味と求め方

適切な販売予測ができると、より的確な販売戦略が立てられます。

販売予測の方法は、まず市場全体の販売可能量を予測し（需要予測)、それに自社の市場占有率を乗じて求める「市場全体の需要から求める方法」や、「経営者、営業責任者、営業担当者らの推量による方法」などがあります。

後者は緻密さには欠けますが、豊富な経験と知識、確かな決断力があれば、それなりに有効で、総合的な観点から予測が可能になります。

しかし何といっても信憑性の高い方法が、過去数年間の販売実績の傾向や状況から予測する方法です。この方法は何よりも客観性があります。しかもデータさえ揃えば容易にできます。

代表的な方法として「時系列分析（傾向変動分析、

季節変動分析）」や「相関分析」があります。ここでは「季節変動指数」について説明しましょう。

◆季節変動分析をする

業界にもよりますが、季節変動の情報をつかむことによって、より的確な販売戦略の手が打てます。「季節指数」とは、季節（月別）による売上高の変化度合いを指数として整理したものです。

季節指数の出し方には、簡便な方法としての「月別平均法」と、やや計算に手間をとりますが信頼性の高い「連関比率法」の２つがあります。

「連関比率法」は少し面倒ですので、ここでは「月別平均法」について説明します。

月別平均法の計算はとても簡単です。まず３カ年間の月別売上実績データを準備します。計算方法は、
①３カ年月別売上データを準備する
②各年度の同月合計を月別に求める
③月別合計の平均を求める――――――――A
④各月平均値を12カ月分合計し12で割る――B
⑤（A÷B）×100＝月別季節指数（合計1200）

――という手順です。この場合、各月指数の合計

が1,200になるように指数を求めます。
ただこの方法は、季節変動要因以外の要因、たとえば円高や円安、極端な気候不順による売上増減や突発的な事故なども含んでしまうので、完全とはいえません。
だからこそ最低でも過去3年ぐらいのデータを用意したいのです。

◆販売割当の考え方とは？

販売割当は、全社または部門の販売目標を具体的にするための手段であり、かかげた販売目標を必達しやすくするために各要素単位に細分化することをいいます。
割当方法の種類は、いろいろ考えられますが、代表的なものをあげると、
・販売チャネル別（販売ルート別、顧客業態別等）
・営業担当者別
・地域別、顧客別
・販売商品別
・月別
などの割当予算の設定方法があります。これらのなかから一般的によく行なわれている販売割当方法を説明しましょう。

季節変動指数を求める

		1月	2月	3月	4月	5月	6月	7月	8月	9月	10月	11月	12月	計
売上高	'02	450	470	500	600	610	620	660	670	720	790	860	960	7,910
	'03	490	520	540	620	680	670	690	740	860	870	920	1,040	8,640
	'04	620	630	730	640	780	660	810	990	850	980	980	1,180	9,850
3ヵ年平均		520	540	590	620	690	650	720	800	810	880	920	1,060	8,800
季節指数		71%	74%	80%	85%	94%	89%	98%	109%	110%	120%	125%	145%	1,200%

季節指数の求め方は…

8,800÷12=733.3万円→3カ年の平均月商

⇩

1月／520÷733.3=70.9≒71%

2月／540÷733.3=73.6≒74%

3月／590÷733.3=80.4≒80%

◆販売商品別売上予算

最もよく行なわれている販売割当です。前期売上構成比に基づくもの、売上伸長率によるもの、目標粗利益基準によるものがそれです。

この方法を採用する場合、どのような基準を採用するにしても、まず、自社の方針に沿って重点商品が決定されているかどうか、新商品や新製品のウエイト、将来方針や需要予測などを充分考慮して採用しなければなりません。

◆地域別販売予算

地域別割当て予算を決める場合、「市場指数」を求めて行なうのが一般的です。この「市場指数」の計算は、割当をしようとする「地域の購買力を示す指標（項目）」を用います。

たとえば消費財の場合は、対象人口・世帯数・所得・商店数、さらに地域ごとの自社の売上実績などが注目されます。生産財の場合は、事業所数・工業製品出荷高・就業者数などが関連資料です。

なお、市場指数の算出方法として「単一指数法」と「任意要素法」があります。

①「単一指数法」

ただひとつの市場指数を用いて市場のポテンシャリティー（可能性、潜在力）を算出する方法。消費財の場合、売上と人口（または世帯数）の関係は、最も強い相関関係があるものと考えるならば、該当地域の人口や世帯数の比率を市場指数として販売割当てをします。

②「任意要素法」

売上に関与すると考えられる複数の要素を使い、市場指数を算出する方法。複数の要素とは、先の対象人口や世帯数、自社の売上実績、業者数等自社の事業に強い影響や関与が考えられる要素を取り上げて、これらの合計値を「市場の購買力」として指数化します。

ただ「複数の要素は必ずしも均質ではない」ということを考慮してください。つまり「売上への相関関係の強さに応じたウエイトづけ」をすることが大切になるのです。

◆任意要素法による販売割当

①自社商品の売上に影響を与えると思われる要素を３～５選択する。

②各要素に地域ごとの実数値を記入し、その構成比

(%) を算出する。

③要素の重要度に応じてウエイトづけをする(ウエイトは、全体を1として各要素に割りふる)。

④「各要素の地域別構成比×ウエイト」で指数を求める。

⑤④で得た指数を地域ごとに合計する。

☆「地区別販売割当値=全体の販売目標値×市場指数」

この「関連要素」は、自社の販売商品の需要に直接関与すると思われるものを選出すればよいのですが、1～2では少ないし、かといって6以上になると要素の関連性が弱くなってしまうので、3～5が適当でしょう。

右図は、任意要素法による販売割当の事例です。

セールスマンAさんは、売上高実績が全体の35.7%です。この売上高実績の評価ウエイトを30ポイントとしていますから、売上実績の構成比35.7%に30ポイントを掛けて、10.7になります。

次いで対象業者数は実績が25%で評価ウエイトが20ポイントですから、結果は5になります。以下同様に「得意先口座数」「顧客の購買力」「経験年数」

任意要素法による販売割当

任意要素法による予算配分

任意要素 / 部門またはセールス	平均売上高 実績	%	30	対象業者数 実績	%	20	得意先口座数 実績	%	15	推定需要または購買力(指数) 実績	%	20	セールス数または(訪販軒数) 実績	%	15	市場指数
A	2500万	35.7	10.7	40社	25.0	5.0	20社	22.2	3.3	10,000万	33.4	6.6	15軒	42.9	6.4	32.0
B	2000	28.6	8.6	40	25.0	5.0	24	26.7	4.0	7,000	23.3	4.7	12	34.3	5.1	27.4
C	1500	21.4	6.4	35	21.9	4.4	22	24.4	3.7	6,000	20.0	4.0	6	17.1	2.6	21.1
D	1000	14.3	4.3	45	28.1	5.6	24	26.7	4.0	7,000	23.3	4.7	2	5.7	0.9	19.5
計	7000	100	30	160	100	20	90	100	15	30,000	100	20	35	100	15	100

の計算をし、すべてを横合計したものが「市場指数」ということになります。これが要するに、「売上高に関連する“任意要素”から、理論的にあるべき売上構成比」です。

Aさんの場合、実績売上高は35.7%ですが市場指数が32.0%で、他の人より頑張っていることになります。Bさんは実績28.6%に対して指数は27.4%で、Aさん同様頑張っています。Cさんは21.4%に対して21.1%で、ほぼ理論どおりの実績です。Dさんは14.3%に対して19.5%と、Aさん、Bさんにおんぶしていることになります。

こうした実態を踏まえて、次期の販売予算を割り当てていくわけです。

第6章

「経営分析」をしてみよう

会社の収益性、営業マン個人の生産性、
会社の支払い能力……
こういったことを決算書の数字から
明らかにしていこう。

1 「高収益体質」になっているかを見よう

◆利益水準だけの判断では甘い

繰り返しますが、「経営は資金繰り」です。損益計算書の内容を見ると「利益が残っているのに経営が破綻した」という事例が少なくありません。「勘定合って銭足らず」というものです。

利益を計算する損益計算書は「一定の期間にどれだけ稼いだかを示す」ものでしたね。一方、貸借対照表は「特定の時点（決算をした日）で会社にどんな財産や借入（負債）があるのか」をあらわすものです。

問題は、貸借対照表の中身です。どんなに販売利益を稼いでいても、代金回収が遅れて「売掛金」で残っていたり、過大な固定資産投資をしたために資金が固定化していたのでは、会社はお金が回らずに資金ショートします。

つまり、勘定は合っているのですが金が足りない状態に陥って支払ができなくなり、経営破綻に追い込まれることになるのです。

◆投資資本の効率を示す「総資本(産)回転率」

規模の大小にかかわらず、経営活動を営むには「資金」が必要です。事務所や店舗の維持経費、必要什器の購入、肝心の商品在庫投資、販売した代金が回収されるまでのつなぎ運転資金、私たちにとって大切な人件費の支払……。これらの必要資金を、自分で出した自己資本（株主資本）と他から集めた他人資本（負債）でまかなうわけです。

第３章で説明したように、総資本とは自己資本と他人資本の合計を言います（→P124）。広い意味での「経営活動を営む元手」ということです。

この元手の効率を回転率であらわしたものを「総資本回転率」と呼んでいます。

総資本(産)回転率 = 売上高÷総資本(産)

この回転が良いほど、資本が“有効活用”されていることになります。では「資本の回転」とはどういうことなのでしょうか。次の事例で考えてみましょう。

［事例］

元手 2,000万円で商売を始める。１年後に見てみると、年間の売上高は20,000万円になっています。

その代わり、年間の借金が 3,000万円になっていました。この場合の資本効率は、(2,000万円＋ 3,000万円）の資金を元手に20,000万円の売上をあげたことになります。したがって、

20,000万円÷(2,000万円+3,000万円)=4回転

ということになります。

この例の場合、元手のお金は販売商品の仕入れ代金や従業員の人件費、諸経費などに使われながら、売上高を20,000万円稼いだということです。

もしこの会社が、いっさい借金をせずに20,000万円稼いだとしたら、

20,000万円÷2000万円=10回転

となり、回転率も跳ね上がります。

総資本回転率が高いということは、投資資金の回収期間が短くなるということですから、それだけ資金の流れるスピードが速く効率的になります。

この数値は高いほどいいのですが、非製造業の場合2回転以上はぜひとも必要だといえます。

「資本の回転」を見る

自己資金のみが元手

自己資本　2,000万円

売上高
2億円

売上高　2億円
総資本　2,000万円
||
総資本回転率は?

10回転

元手は自己資本にプラス借金

自己資本　2,000万円
借入金　3,000万円
計　5,000万円

売上高
2億円

売上高　2億円
総資本　5,000万円
||
総資本回転率は?

4回転

非製造業の場合、2回転以上は欲しい

2 「利潤分配率」で収益構造をチェックする

◆経営活動の財源は粗利益

第２章で、損益計算書の構造を説明しました。売上高から売上原価を引いたものが粗利益、そこから人件費や販売費を引いたものが営業利益でした（→P89、116）。

経営活動は粗利益を財源に行なうものです。経費や金利はすべて粗利益でまかなうようにしなければなりません。

「経営活動の財源は売上高だ」

と勘違いしている人はいませんか。たしかに売上高は大事です。売上がなくては利益も出ません。資金繰りをラクにするという意味でも、売上は重要です。しかし売上高がいくら大きくても、粗利益が少なかったら人件費や諸経費はまかなえないのです。

ある意味で、売上高は粗利益を捻出する手段にすぎません。

経営活動の財源は「粗利益」

売上高

マイナス　売上原価

粗利益

粗利益から人件費や
諸経費をまかなう

売上高ばかり大きくても、粗利益が
少ないと経営活動は安定しない

さて、粗利益を財源に経営を行なうということを、もう少し具体的に見てみましょう。

◆「利潤分配率」の高い企業は不況に強い

営業利益から営業外損益をプラスマイナスしたものが「経常利益」でした。この経常利益は、要するに会社が通常の経営活動の結果としてあげた利益です。ここから特別損益（固定資産や有価証券の売却益、売却損）をプラスマイナスしたものが、「税引前当期利益」です。

特別損益はあくまで、本業以外の活動での結果ですから、会社の本来の損益ではありません。会社の実態を最もあらわしている利益が「経常利益」だといえます。

この経常利益の大きさを、粗利益で割って計算したものを「利潤分配率」といいます。つまり「稼いだ粗利益に占める経常利益の割合」ということです。

利潤分配率＝（経常利益÷粗利益）×100

この比率が低いということは、分母の粗利益が少ないか、分子の経常利益が少ないかのどちらかです。この利潤分配率が高い企業は不況に強いところから、

利潤分配率 ＝ 経営安全度

「利潤分配率」とは？

$$\text{利潤分配率} = \frac{\text{経常利益}}{\text{粗利益}} \times 100$$

売上高	10,000	100%	→	20%減少	8,000	100%
粗利益	2,000	20%			1,600	20%
固定費	1,600	16%			1,600	20%
経常利益	400	4%			0	0%

上の例の場合、「利潤分配率」は20%になる。これなら、売上高が20%落ちても赤字にはならない

と呼んでいます。

利潤分配率は、その数値（比率）だけ売上高が減少しても赤字経営にならないということです。たとえば、上の例のように、売上高が20%（利潤分配率の率）減少しても赤字にはならないのです。

3 本業の利益「営業利益」は充分にあるか？

◆粗利益、営業利益は利益の“おおもと”

第２章でも説明しましたが（→87ページ）、会社には５つの利益があります。その“おおもと”になるのが「粗利益」です。経常利益や税引前当期利益もしっかり見なければなりませんが、まず着目すべきは粗利益なのです。

企業の「売上高営業利益率」の高さは、本業の競争力の強さをあらわします。その水準値は業種によって異なりますから、評価と比較は、同業種の間で比べなければなりません。

売上高営業利益率＝(営業利益÷売上高)×100

営業利益は、売上総利益（粗利益）から営業経費（販売費及び一般管理費）を差し引いて計算されたものです。ですから売上高営業利益率が「本業の収益力」を示す指標だとされているのです。

粗利益、営業利益が"おおもと"

	売上高
−	売上原価
	粗利益
−	販売費および一般管理費
	営業利益

$$売上総利益率 = \frac{売上総利益}{売上高} \times 100$$

$$売上高営業利益率 = \frac{営業利益}{売上高} \times 100$$

本業の収益力をあらわす!

◆「営業利益率」を高くするポイント

営業利益が「粗利益から営業経費を差し引いたもの」であることから、この営業利益率が高い水準であるためには、

・粗利益絶対額が充分であること。
（生産性が高い水準であること）
・販売費及び一般管理費が適切であること。
（経費の無駄遣いがないこと）

の条件が整っていなければなりません。

そのモノサシとして「営業経費分配率」という指標を使います。営業経費分配率とは、

営業経費分配率＝(営業経費÷粗利益)×100

で計算しますが、要は「稼ぎ出した粗利益に占める営業経費の大きさ」を見る指標です。

右の図を見てください。この配分図は「非製造業の基準」として私が説明している配分図です。

ポイントは、先の「利潤分配率（粗利益に占める経常利益の大きさ）」を20%とすれば、残り80%が固定費ということです。

「利潤分配率」を20%以上残すためには「固定費分

粗利益の分配率目安

（非製造業の場合）

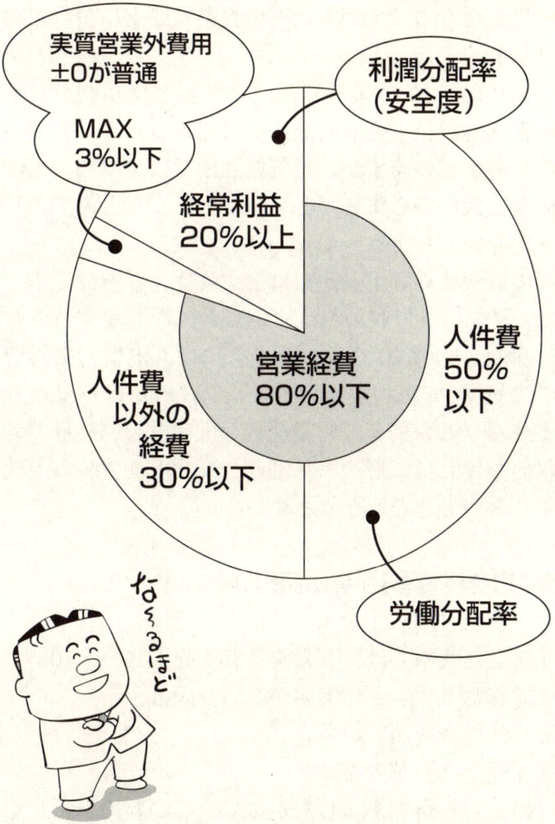

配率」を80%以下に収めなければなりません。

この固定費とは、「営業経費」と「実質営業外費用」を足したものですから、先に営業外収支について検討しておきましょう。

具体的には 営業外費用（ほとんど支払利息）から営業外収益（受取利息・受取配当金）を差し引いたものを言いますが、景気低迷期では支払利子率は極端に低いから実質でとらえると、±０とみて差し支えないでしょう。

「実質営業外費用」がゼロとすれば、「経費分配率」は、80%以下で収めればよいことになります。もし「金利水準」が高くなった場合には、実質営業外費用はMAXで粗利益の３%以下で収めなければなりません。この場合「営業経費分配率」は77%以下で収めなければ、肝心の「利潤分配率」を20%以上残すことができなくなります。

◆「営業経費率」が高い原因は？

「営業経費率」は、「（営業経費÷売上高）×100 」で計算します。この実態が高い要因は、

①「営業経費額」が多い

②「売上高」が少ない

のどちらかです。したがって、この要因を正しく

評価しておくことで、「経費率」を正常化していく課題が明確になります。その確認のために、

$$営業経費率 = \frac{営業経費}{売上高} = \frac{営業経費}{総人員数} \div \frac{売上高}{総人員数}$$

に分解して評価します。

①「営業経費」の使いすぎで経費率が高くなっているのか

②「営業経費」は世間並み（少ない）だが「売上高」が少なく収益力が低いために高くついている。

一般的には②のケースが多いようです。

◆「人件費」が利益を圧迫していないか？

営業経費の中心は「人件費」です。非製造業の場合、とくに中小企業の場合は営業経費の大半が人件費になっています。つまり問題は、「人件費が利益を圧迫していないか」ということなのです。

そこで「労働分配率」で検証します。中小企業の場合、人件費は脅威です。低いに越したことはないのですが、負担の上限を前述のように「粗利益の50％以下」で考えます。

そこで、稼ぎ出した粗利益率の50％の数値で実績人件費を評価してみるのです。その結果、目安とす

る「人件費比率」の水準で納まっているか否かを確認します。この場合も、先の営業経費と同様に、人件費比率が高い要因は、
①「1人当たり人件費」が高い（多い）
②「売上高」が少ない
のどちらかです。これを正しい判断で評価をするためには、

$$人件費比率=\frac{人件費}{売上高}=\frac{人件費}{総人員数}\div\frac{売上高}{総人員数}$$

上のように分解します。
この分析をすれば、１人当たり人件費と、１人当たり売上高に分けて見ることができるわけです。
一般的に人件費比率が高い場合、人件費水準は世間並み以上だが、売上高が少ないケースが多いようです。かといって人件費を下げればモチベーションも下がり、売上も下がるので、むずかしいところです。

＊

このように営業利益の分析を進めていくと、本業利益（営業利益）の過少、あるいは不十分なときの要因は、結局は「粗利益額不足」ということに尽きることが見えてきます。生産性を高めて、粗利益額を増やさないと、収益性は良くならないのです。

人件費比率を分解する

$$\text{人件費比率} = \frac{\text{人件費}}{\text{売上高}} = \frac{\text{人件費}}{\text{総人員数}} \div \frac{\text{売上高}}{\text{総人員数}}$$

＜1人当たり売上高＞

たいていこちらの数字が
悪いことが多い

結局は売上高、粗利益を多くして収益性を高めることが大切!

4 「売上高経常利益率」は収益性を見る重要なポイント

◆「総資本経常利益率」はROAともいわれる

効率的で収益性の高い経営をチェックするには、事業に投資したすべての資産に対して年間何%の利益を得られたか——という視点が必要です。この数字が大きいほど、少ない投資で大きく儲けている、つまり効率経営が行なわれているということになります。

この投資効率を見る指標として、よく使われるのが、「総資本経常利益率」です。総資本経常利益率は、ROAともいわれます。

この数字は高いほど良いわけですが、業種によってかなり差があります。たとえば多くの投資が必要な製造業は数字が低くなりますが、通信販売業などの無店舗小売業では逆に高くなるのが一般的です。

業種の平均は『中小企業の経営指標』などに掲載されています。比較してみましょう。

総資本経常利益率とは?

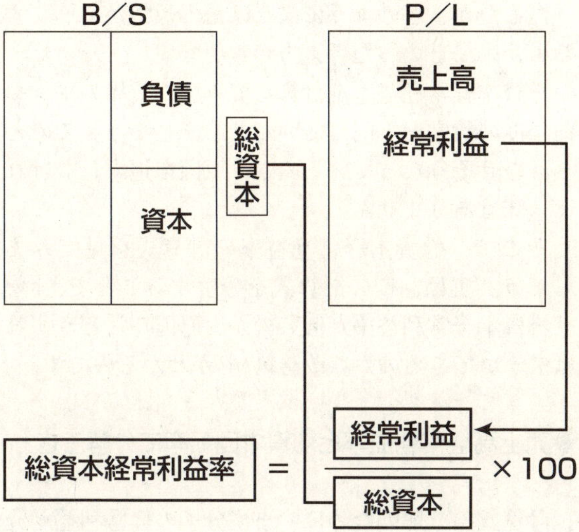

「ROA」ともいわれる。比率は高いほどよいが、メーカーの場合5%以上、流通業なら10%は必要!

総資産経常利益率（ROA）を経営に生かすには、なぜそのような数字になったのか、前年に対してどうだったか、どのようにすればその数字がアップするのか……といった考え方が重要です。

総資本経常利益率を計算してみて、業界の平均や前年度の数字を下回っていたとしましょう。このとき、なぜそうなっているのか、原因を追求しなければ意味はありません。

そこで、総資本経常利益率の計算式を見てみましょう。実は、この計算式を分解することで、「なぜ総資本経常利益率が低いのか（原因）」「どうすればアップできるのか（改善策）」がわかるのです。

◆売上高経常利益率と総資本回転率に分解できる

計算式の分解のために、まず分子の経常利益と分母の総資本にそれぞれ、会社の取引規模を示す「売上高」を掛けてみます。

総資本経常利益率の式は、「経常利益÷売上高」と「売上高÷総資本」の２つの式の掛け算に変わります。前者は「売上高経常利益率」という経営指標で、会社の「稼ぐ力」をあらわします。後者は229ページで説明した「総資本回転率」で「資本の有効活用度」をあらわしています。

総資本経常利益率を分解すると?

総資本経常利益率 ＝ 経常利益／総資本

分母と分子に
売上高を掛ける

経常利益／売上高 × 売上高／総資本

売上高経常利益率 × 総資本回転率

「稼ぐ力」が
わかる

「資本の有効活用度」
がわかる

どちらかをどうアップさせるかを
考える。どちらかが良くなれば
総資本経常利益率も良くなる

もっとも現実には、総資本経常利益率を上昇させることは、簡単ではありません。計算式の上では、経常利益の額を上げるか、総資本を少なくすれば上がりますが、経常利益は毎年それほど大きな差はないのが普通なのに、総資本は、放っておけば増えていくからです。

売上を伸ばそうとすれば売掛金や在庫も増えるし設備投資も必要です。では、どうすればよいか——稼ぐ力と資本の有効活用を、さらに突っ込んで見ましょう。

◆売上高経常利益率の数字を見るには？

総資本経常利益率に影響する2つの力のうち、まず売上高経常利益率について見てみます。

売上高経常利益率は「稼ぐ力」ですから、基本的には同業種平均値と比べて、高ければひと安心といえます。もちろん、高ければ高いほど安心です。

ただし、この数値は業種によって異なります。『中小企業の経営指標』の数字を見ても製造業の健全企業平均は4.7%、卸売業は2.0%、小売業は3.1%です（平成15年度）。

これは、原価（仕入原価、製造原価）や販売単価、人件費の水準などが、業種ごとに異なるためです。

たとえば卸売業では、同じ商品の卸をしている会社は、競争原理が働いてどこもほぼ同じ販売価格になります。当然、利益率はどこの卸売業者も似た数字になります。製造業でも小売業でも、同様の傾向があります。

原価や人件費も、業種別に一定の水準があります。この水準が業種ごとに違うため、利益率も業種でばらつくわけです。

◆売上高経常利益率は最も重要な利益率

次に「売上高経常利益率」です。

経常利益というのは、本業の儲けを示す営業利益（売上総利益から販売費や一般管理費を差し引いたもの）に、財テクの損益をプラスしたものです（→P88、118）。

収益性を見るとき、この経常利益率は非常に重要な数字で、最低でも５%は欲しいところです。この数字を前述の売上高営業利益率（→P116、236）と比較してみます。

売上高営業利益率より大きく上がっていれば、無理な財テクに走っていないかどうかチェックする必要があります。また数字が大きく下がっていれば、支払利息が多いなどの原因が考えられます。

5 そもそも「生産性」とは何だろう

◆投入した「資源」と「成果」の関係を見る

経営はむずかしく考えるとキリがありません。要は、たくさん売って、しっかり儲け、資金繰りをラクにすることに尽きます。

したがって会社の数字を使って経営分析するときも、この基本原則で見ることが必要です。

前のページまでは「収益性」について見てみました。収益性とは、要するに「効率よく儲けているか」ということです。この収益性と密接な関係があるのが、「生産性」です。

企業は「人」「物」「お金」「情報」といった、経営資源を使って経営しています。経営の効率をはかる目安は、これらの経営資源が効率よく働いているかどうかを見ることです。

つまり、これらの経営資源が使われた結果、効果的に成果が生まれているか、ということですね。
これを「生産性」と言います。
たとえば、「人」（労働）とその成果の関係で効率を見れば、「労働生産性」に。また「お金」（資本）とその成果との関係で見れば「資本生産性」です。「物」であれば、「在庫生産性」や「設備生産性」などになります。
このように、経営で使われた経営資源の「投入額」と、その結果生み出された「成果」を見るのが生産性だといえます。

◆それぞれの生産性を見る経営指標は？

経営における生産性を見る場合、いちばん多く使われるのは、人の生産性である「労働生産性」です。労働生産性は、人が生み出す成果について何を基準として使うかによって、いくつかの見方ができます。たとえば「１人当たり売上高」「１人当たり粗利益高」「１人当たり営業利益」……といったふうになります。
これについては、次項で改めてくわしく説明します。

また、物の生産性——たとえば在庫生産性は、「在庫回転率」「在庫回転期間」などであらわされます。

$$在庫回転率 = \frac{売上高}{平均在庫}$$

$$在庫回転期間 = \frac{平均在庫}{月平均売上高}$$

在庫が順調に回転しているということは、物が売れているということでもあります。

また、資本生産性は、先ほど述べた「総資本経常利益率」などの資本利益率が多く使われます。

なお、「情報生産性」という考え方もあります。これは、数値にあらわして評価することはむずかしいかもしれません。

そこで情報に関連する、たとえば広告宣伝費のような費用の生産性を、関連する成果との関係で見る方法が考えられます。

これらの数値は、必ず同業他社や、自社の前年の数値と比べてみることも忘れないでください。

「生産性」とは何だろう

経営で投入された「人」「物」
「お金」「情報」などに対して、
成果はどれぐらいだったか?

これをチェックするのが
「生産性」分析

人	労働生産性	=	$\dfrac{\text{成果(売上高)}}{\text{総人件費}}$
物	在庫生産性	=	$\dfrac{\text{成果(売上高)}}{\text{投入された在庫}}$
金	資本生産性	=	$\dfrac{\text{成果(売上高)}}{\text{投入された資本}}$

6 生産性を「1人当たり」でチェックする

◆「1人当たり」で見てみよう

「人」は、経営にとって最も重要な経営資源です。生産性を見るときも、「1人当たり売上高」「1人当たり粗利益」「1人当たり経常利益」……という視点でチェックすることが大切になります。

まず、「1人当たり売上高」とは、いうまでもなく売上高を従業員数で割った数値です。従業員数で割ると、売上高総額だけでは見えなかった会社の効率が、よくわかるようになります。

また、同じ会社の過去の数値と比較する場合にも役に立ちます。売上高総額は前年を上回っていても、1人当たり売上高は前年を下回っている、というケースはよくあります。

さらに、「部門別1人当たり売上高」「地域別1人当たり売上高」なども比較することが大切です。とくに「セールス1人当たり売上高」「セールス1人

「1人当たり」で見てみよう

$$\text{1人当たり売上高} = \frac{\text{売上高}}{\text{従業員数}}$$

↓

$$\frac{\text{売上高}}{\text{営業マン数}} \times \frac{\text{営業マン数}}{\text{従業員数}}$$

セールス1人当たり売上高　　直間比率

1人当たり売上高、1人当たり粗利益などの数字は、必ず前年（前月）と比較しよう

当たり顧客数」なども大切な数字ですね。
「１人当たり粗利益額」は「１人当たり売上高」×「粗利益率」でもあるのです。

◆直間比率も合わせて見る

直間比率ということばをご存じでしょうか。

ビジネスでいう「直間比率」とは、総人員に対する直接部門（セールス部門）の人員比のことです（直接費と間接費の比率をいう場合もある）。

１人当たり売上高は、見方を変えれば、「セールス１人当たり売上高」×「直間比率」――だということもできます。

生産性の水準をチェックしてみて、その良否の要因が「１人当たり売上高」にある場合には、その原因が「セールス１人当たり売上高」にあるのか「直間比率」にあるのかを分析評価します。

その原因が「セールス１人当たり売上高」にある場合には、これも「セールス１人当たり担当顧客数」にあるのか「顧客単価」にあるのかの検証をしなければなりません。

このあたりの参考データはそれぞれの「業界の常識」をモノサシにすればよいでしょう。

一方、生産性良否の要因が粗利益率にある場合は、

「販売商品の構成バランス」や「販売ルート構成バランス」を分析します。

◆「１人当たり粗利益」がいちばん大切！

「１人当たり売上高」がいくら伸びていたとしても、１人当たりの費用を多く使っていたのでは利益はあがりません。そこで、「１人当たり売上総利益（粗利）」や「１人当たり経常利益」も見ます。

たとえば、「１人当たり粗利益」が前年に比べて伸びない場合は、扱い商品自体や売り方、事業分野等に問題があるかもしれません。商品ごとの回転率、売上原価率なども見てみましょう。

仮に、259ページのようなライバル会社があった場合、売上高ではA社の方が25%も多いのですが、粗利益ではB社に及びません。さらに、固定費の中心は人件費ですが、人件費という費用は企業間での格差はほとんどないものです。

したがって、よほどの財務体質の違いがないかぎり「１人当たり粗利益額」の大きい企業のほうが利益をたくさん残す結果になるのです。

具体的には、A社の１人当たりの経常利益額が月13.8万円に対して、粗利益額の多いB社では１人当たりの経常利益額は月20.0万円と 6.2万円多く、年間ではその差は74.4万円にもなります。販売競争に打ち勝つために、B社がこの利益差を販売促進費用に注ぎ込んでくれば、A社は極めて不利な状況に追い込まれることになるでしょう。

◆生産性のメカニズム

生産性が高いということは「従業員１人当たりの粗利益額が多い」ということです。この粗利益額を増やすためにどのように考えるべきか実務担当者は苦心します。

要は、現状の生産性水準がどうなのか、その改善のために何をどのように改善すればよいのかの課題を具体的に確認することが大切なのです。

最後に、１人当たりの生産性を利益で見た場合は、「１人当たり売上高」、「１人当たり粗利」、「１人当たり経常利益」の、それぞれの伸び率のバランスも見ておく必要があります。

同じようにバランスよく伸びていれば、生産性は上がっているといえますが、どれかが突出していたり、どれかが伸び悩んでいるときは、何らかの問題があるかもしれません。

「1人当たり粗利益」を比べてみる

	A社	B社
月平均売上高	12,500万	10,000万
〃　粗利益	1,875万	2,000万
〃　固定費	1,600万	1,600万
〃　経常利益	275万	400万
社員数	20人	20人
1人当粗利益	93.8万	100.0万
〃　固定費	80.0万	80.0万
〃　経常利益	13.8万	20.0万

売上高はA社のほうが25％も多いが、粗利益が少ない。1人当たり粗利益も低く生産性も低い！

7 安全性や健全性を見てみよう

◆自己資本比率で財務体質を見る

企業の健全性と安全性を見る場合、
①返済の必要がない「自己資本」が充分あるか。
②自己資本を充実させる「内部留保額」は充分にあるか。
③自己資本の過少が、「借入金依存率肥大」に原因していないか。
④資本構造から見た「支払能力」に問題ないか。
⑤「長期の資産（固定資産）」は自己資本でまかなっているか。
——といった視点で考えていきます。
まず「自己資本比率」です。

貸借対照表（B/S、バランスシート）を見る場合、第一に注目すべきは「自己資本比率」です。

貸借対照表の右側には「経営活動に必要な資金を

どこから集めているか」という内容が示されていますが、“集め方”によって「自己資本」と「他人資本」に分かれています（→P124）。

自己資本比率は、自己資本の合計が総資本に対してどれほどの割合になっているかという比率です。一般に流通業の場合は20%以上あればまずまずで、30%以上あれば優良といえます。

◆自己資本比率が悪い理由を探る

自己資本比率がこの水準に達していない場合は、
①「資本金の過少」か あるいは
②「剰余金の不足」か です。

両方とも過少というようなケースもときにはあるでしょうが、それは論外です。

非上場企業の場合、資本金の「増資」は事実上困難といえるでしょう。わずかの個人の株主に、多大の増資は簡単にはできないのが普通だからです。

したがって「資本金」の充実もさることながら、「剰余金の充実（稼いだ利益の蓄積）」を最優先しなければなりません。私はその目安を、

「資本金１：剰余金10以上」

と考えています。

◆剰余金の充実をはかる

自己資本は前記のように、「資本金」と「剰余金」に分けられます。ということは、自己資本比率が低いということは、剰余金が不足しているということでもあります。

剰余金とは利益の内部留保金です。第３章の貸借対照表のところをもう一度見て下さい（→P146）。設立間もない会社ならともかく、普通は少なくとも資本金の５倍ぐらいは必要でしょう。

剰余金が少ない原因は、
①利益があがっていないか
②内部留保が低いか
——のどちらかです。

生産性が低くて利益があがっていないために内部留保したくともできないのか、利益はあがっていても配当や役員賞与といった流出が多いために不足しているのか……。

いずれにしても自己資本比率が低いと企業体質は脆弱になります。大きく発展することも困難でしょう。

好ましい資本構造（流通業の場合）

$$\text{自己資本比率} = \frac{\text{自己資本}}{\text{総資本}} \times 100$$

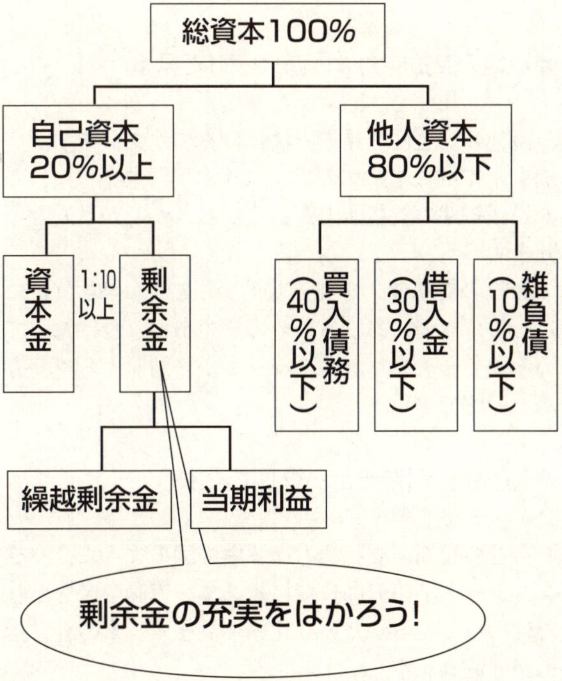

8 短期の支払能力をチェックする

◆短期の支払能力は「流動比率」で見る

会社の安全性を見る方法はいくつかありますが、最も基本的なもののひとつとして「支払能力」、とくに「短期の支払能力があるかどうか」が目安となります。

会社の支払能力を見る場合、「支払うべき負債に対して、返済にあてるための資産をどれだけ持っているか」——をバランスシートから判断するやり方が一般的です。

◆「流動比率」をチェックしてみよう

会社の短期の支払能力は、右の図のように、バランスシート上の流動負債に対して、流動資産をどれだけ持っているかという比率で見ます。この経営指標が「流動比率」です。

「流動比率」で支払能力をチェックする

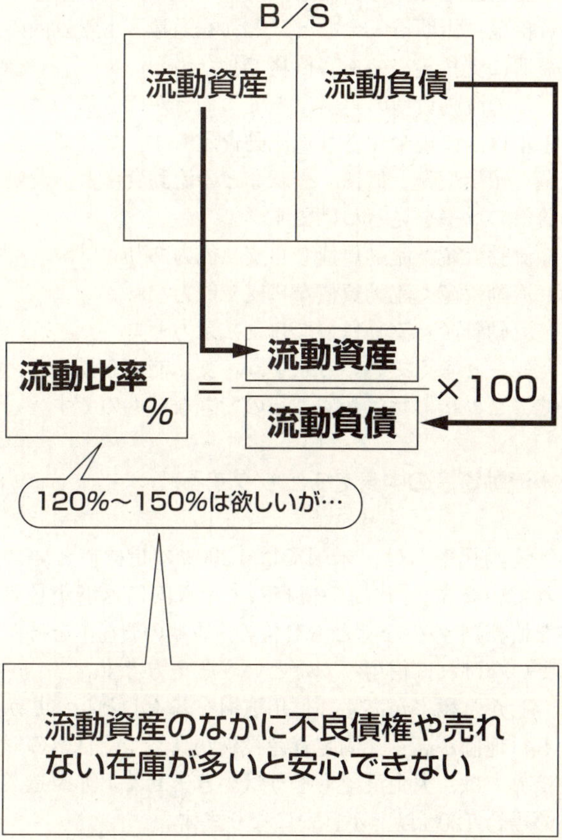

ここで第3章の貸借対照表を思い出して下さい。

流動比率の分母の流動負債の中身は、支払手形、買掛金、短期借入金など、どれも通常、1年以内の短期に支払義務のある債務でした。

この流動負債の返済にあてることができるのは、1年以内に現金化される流動資産です。そこで、現金・預金や売上債権、在庫などの流動資産と、流動負債の比率を見るわけです。

流動資産＞流動負債なら支払能力あり。

流動資産＜流動負債なら支払能力なし。

流動資産＝流動負債なら支払余力ゼロ

——と考えていいでしょう。支払能力を見るうえで、この指標は欠かすことのできないものです。

◆流動資産の中身をチェックする

「流動比率」は、米国では「200%の指標」といわれています。「短期の債務（1年以内に返済が必要な債務）」の少なくとも2倍の「短期の資産」を持っていなければ信用不安だという考え方です。

しかし税率が高く「信用取引を基本」とし、しかも、地価が高く、固定資産投資が高くつく日本の経済界では、大企業でもそうはいきません。非製造業の場合 120%以上が目安になります。

しかし簡単にそうも言い切れない部分もあり、チェックすべき点がいくつかあります。

まず、返済にあてられる流動資産の中身がどうなっているか、です。

流動資産には、現金・預金や、現金・預金に変わりやすい売上債権、市場性のある有価証券等の「当座資産」と、販売してはじめて売上債権に変わる商品・製品等の「棚卸資産」、それ以外の「その他の流動資産」があります。

このうち着目するのは売上債権（売掛金など）と在庫です。流動資産がいくら多くても、その中身が不良債権や売れない在庫が多かったら、すぐには現金化できません。これでは、流動比率がいくら高くても安心できませんね。

現金・預金や正常な売上債権、在庫がバランスよくあって、はじめて安心できるのです。

次に、流動比率が高すぎても実は問題があります。流動比率が異常に高い会社のなかには、必要以上の資金を流動資産として持っていて、資金が無駄に遊んでいると思われる会社があるのです。

いくら安全のためとはいえ、資金を無駄に遊ばせておくことは問題です。場合によっては、その資金を狙ってM&Aの標的にされるケースすらあります。
しかし、低いよりは高いほうが安全です。支払能力ギリギリで沈没してしまうよりは、多少は余力のある経営のほうが、はるかに安心だということができるでしょう。

◆よりシビアに見るなら「当座比率」

流動比率は、流動負債に対して流動資産をどれだけ持っているかをチェックする指標です。
第3章の貸借対照表をもう一度見てください。
流動資産のなかには、現金化されやすい当座資産と、現金化されにくい棚卸資産がありました。このうち、より現金化しやすい当座資産を見て、シビアに支払能力を判断する指標もあります。
これが「当座比率」です。右図のように、分子に流動資産の代わりに当座資産を置き、流動負債にあてられる比率を計算します。当座比率は、80%を超えていれば安心といわれています。

ただし、当座比率についても、中身のチェックと、比率が高すぎないかという点は、常に注意が必要であることはいうまでもありません。

支払い能力をシビアに見る「当座比率」

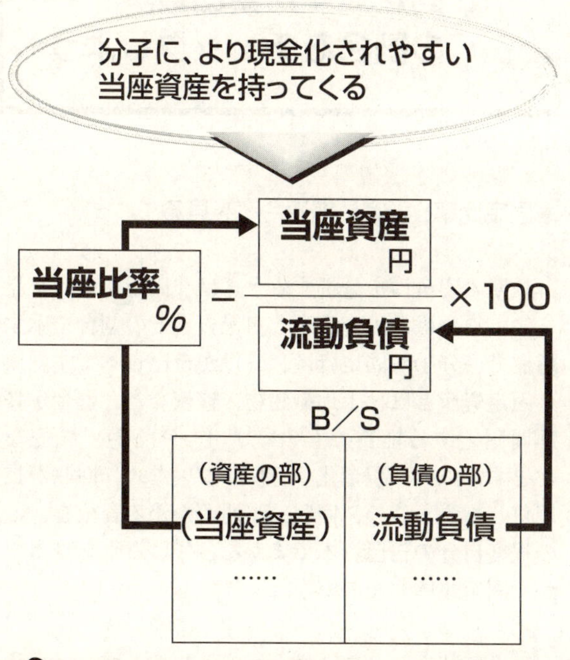

80%を超えていれば、とりあえず
安心だが、「100%」を目指したい

9 固定資産と自己資本の割合をチェックしよう

◆固定比率&固定長期適合率を見る

長期の安全性を分析するときは「固定比率」を見ます。これは、固定資産と自己資本との割合を示す指標で、分子が固定資産、分母が自己資本です。

固定資産とは、土地や建物、機械など、資金が長期間固定する性質のものです（→P136）。転売などをする以外に現金化の方法がないため、回収が長期化します。この、回収に時間がかかる資金を、どの程度自分の自己資本でまかなっているかを見るのが「固定比率」なのです。

私は冗談交じりに「借金コンクリートで社屋を建てれば行き詰まるよ」と言っています。

「固定資産」は長期にわたって「使用活用することを目的に投資するものです。流動資産のように短期間に現金回収できる資産」ではありません。つまり

「固定比率」を計算する

$$\text{固定比率 \%} = \frac{\text{固定資産}}{\text{自己資本}} \times 100$$

B/S

(資産の部)	(負債の部)
固定資産	(資本の部)

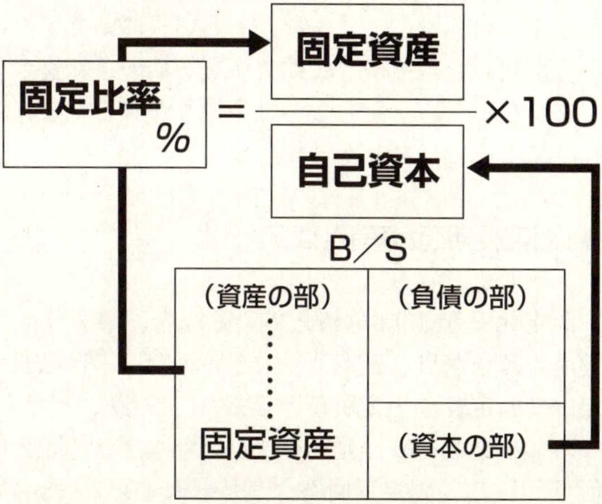

> 土地や設備などを自己資本でまかなっているかを見る

> 100%を超えているようだと安全性に問題あり！そのときは「固定長期適合率」を見る（☞P273）

「固定資産=長期資産」です。
「現金化を目的としない長期の資産は、返済を必要としない自己資本でまかなえ」という原則です。ところが判断を誤って「長期資産を短期の運転資金」でまかなったら、たちまち資金繰りが厳しくなり、程度によっては経営が破綻します。

◆「固定長期適合率」とは？

固定比率が100%を超えている場合、つまり固定資産のほうが自己資本より大きい場合は、自己資金だけで固定資産をまかなえてない、ということです。このようなときは、分母を「自己資本プラス固定負債」として、「固定長期適合率」をチェックします。

固定負債は、自己資本と同じくらい安定した資金です。したがって、固定資産を調達する原資としてもよいという考え方ができます。

ですから、固定長期適合率を見ると、回収に時間がかかる固定資産を、どの程度、長期の資金でまかなっているかがチェックできるわけです。

◆固定比率と固定長期適合率を設備投資にたとえる

固定比率と固定長期適合率の見方について、わか

「固定長期適合率」をチェックする

$$\text{固定長期適合率}\ \% = \frac{\text{固定資産}}{\text{自己資本} + \text{固定負債}}$$

固定比率が100%%を超えていたら、
自己資本と同じくらい安定した資金
である「固定負債」を加えてみる

**これでも100%を超えていたら
かなり問題です！**

りやすい事例をもとに説明してみます。

固定資産は新しい設備、固定負債は長期の借入金です。

余裕のある会社は、全額、自己資金で設備（固定資産）が購入できます。しかし、普通は一部を自己資金で、残りを長期の借入金(固定負債)にします。

全額、自己資金で購入した人、つまり固定資産を自己資本でまかなっている会社は、返済のことは心配せずに、経営に専念できます。

一方、自己資金では足りずに長期借入金をした会社、すなわち固定資産を自己資本と固定負債で調達している会社は、毎月の返済額の資金調達を考えなくてはなりません。

ところで、自己資金と長期借入金では足りないのに、金利の高い短期借入金もプラスしたとします。これでは、固定資産の調達に流動負債をあてることになります。ここまでくればかなり重症です。

◆比率が100%以下なら安心だが……

さて以上のたとえでわかるように、自己資本>固定資産で、固定比率が100%以下になっていれば、まずは安心です。

ここで、固定資産のほうが自己資本より大きく、

固定資産投資の大原則

長期の資産は長期の資金でまかなっているか？

↓

固定比率100%以下か？

↓

固定長期適合率は絶対に100%以下に！

足りない分が固定負債で調達されているとします。すると、固定比率は100%を超えていますが、自己資本+固定負債>固定資産となって、固定長期適合率は100%を下回ることになります。

これも、一応は安心ですね。

しかし固定負債を加えても、まだ固定資産がまかなえていないときは危険です。不足する分は、流動負債があてられていることになるのです。

流動負債は、通常、１年以内に返済予定の短期借入金などです。回収に数年から10年以上かかる固定資産を、この流動負債で調達していたのでは、資金繰りに苦しむことは明らかです。

これでは企業の「安全性」に問題あり、ということになります。

エピローグ

練習問題の解答と解説

プロローグの「練習問題」の解答と解説です。

Q1　答／16,364円

月平均の自動車関連費用が1台当たり360,000円ですから、稼働日数の22日で割れば、1日当たりの費用が計算されます。

Q2　答／3％

月間1,200万円の売上高を獲得するために必要な車両の維持費が、月36万円ですから、36万円を1,200万円で割ればよいのです。

Q3　答／18.75%

この場合、まず営業マンが稼ぎ出す粗利益額を計算します。1,200万円×16%=192万円ですね。あとはQ2と同様です。月平均粗利益額を稼ぎ出すために36万円の車両維持費を費やしているわけですから、

36万円÷192万円=18.75%

となります。

Q4　答／6厘5毛2糸（0.652銭）

日歩とは「1日100円につき」の利息です。

2.38÷365日＝0.00652

↓　↓↓↓↓

円　銭厘毛糸

Q5 答／0.652%

1日当たりの金利はQ4で0.00652と計算されました。したがって、

0.00652%×100日=0.652%

つまり売上金額の0.652%の金利を頂かなければならないのです。

Q6 答／357万円

金利水準が年間2.38%だから、Q5同様に計算すればいいのです。

15,000万円×2.38%=357万円

Q7 答／33,750万円

赤字にならないための最低必要売上高とは、損益分岐点売上高のこと。具体的には、「必要固定費=獲得粗利益」を実現する売上高のことです。そこで必要固定費が月平均5,400万円だから、粗利益額も同じ5,400万円必要だということになります。したがって5,400万円の粗利益を捻出する売上高は、

5,400万円÷16%=33,750万円

ということになります。

Q8 答／555,000万円

損益分岐点の応用問題。つまり、必要固定費をまかなってさらに必要利益を捻出するための売上高を算出します。

①必要固定費 5,400×12カ月=64,800万円

②必要経常利益（12,000万円÷税率50%）
　=24,000万円

つまり①と②を合計した粗利益を捻出しなければならないのだから、

$$\{(5{,}400\times 12)+(12{,}000\div 0.5)\}\div 16\% = 555{,}000$$

となります。

Q9 答／121.95%

利幅、利掛の問題です。

粗利益率を18%確保するわけですから、

$$\frac{0.18}{1-0.18}=0.2195$$

つまり仕入原価に対して21.95%の利益をとらなければなりませんから、最低でも121.95を掛けた金額で販売しなければなりません。

Q10　答／23.08%

Q9と反対の問題です。

利掛（仕入原価に対する利益）30%だから、

$$\frac{0.30}{1+0.30}=0.2308\quad 23.08\%$$

Q11　答／量販店のほうが多い

Q9、Q10の応用問題。この商品の販売単価を100円、原価を70円とすれば、両社の収支計算は以下のとおり。

	（量販店）	（専門店）
売上高	100円×5=500円	（100円×5）×80% =400
原価	70円×6=420円	70円×5=350円
粗利益	500円－420円=80円	400円－350円=50円

Q12　答15.62%

利益相乗係数で計算します。

	①売上	②粗利益	①×②相乗係数
A	40%	12.5%	5.000
B	30	15.6	4.680
C	20	18.4	3.680
D	10	22.6	2.260
	100%	（　　）	（15.620）

15.62%が平均粗利益率です。

Q13 答／① 8,010 ④66,620
② 52,310 ⑤89,480
③ 79,610 ⑥ 9,550

Q14 答／同じ

商品投資効率の問題です。交差主義比率とも呼ばれています（187ページ参照）。

$$\text{商品投資効率} = \frac{\text{売上高}}{\text{平均在庫高}} \times \frac{\text{粗利益}}{\text{売上高}}$$

↓ ↓

（商品回転率）×（粗利益率）＝交差主義比率

↓ ↓ ↓

X商品	10回転	×	20.0%	＝	200%
Z商品	16回転	×	12.50%	＝	200%

どちらの商品も、年間在庫投資100円について2倍の200円稼ぐことができます。

Q15 答／75日

代金回収サイトの問題です。回収サイトの計算は

受取回収サイト÷回収率=現金回収サイト

です。まず受取回収サイトの計算。

$$\frac{(現金集金\times日数)+(手形集金\times日数)}{集金総額(現金集金+手形集金)}$$

日数は、起算日を1日プラスすることを忘れないように。受取回収サイトが計算されたら、それを「回収率」で割れば現金込み回収サイトが計算されます。

$$\frac{(50\times11)+(100\times96)}{150}\div\frac{150}{165}$$

$$(67.666)\quad\div\quad(90.9)$$

$$=74.4\rightarrow75日$$

Q16 答／

①売上高増加率　≦　粗利益増加率
②売上高増加率　≧　営業経費増加率
③売上高増加率　≧　人員増加率
④売上高増加率　≧　得意先増加率
⑤売上高増加率　≧　売上債権増加率

①粗利益率が低下する
②経費率が上がる
③1人当たり売上高が下がる
④顧客単価が下がる
⑤代金回収サイトの長期化

Q17 答／

4月 85%	5月 94%	6月 89%
7月 98%	8月109%	9月110%
10月120%	11月125%	12月145%
1月 71%	2月 74%	3月 80%

季節指数とは、正確には「季節変動指数」といわれ、「平均月商に対する各月の実力水準値」のこと。したがって計算は、

年間売上高÷12=平均月商

各月実績÷平均月商=各月の季節指数

で歳出します。このケースの場合、合計売上高は88,000だから、4月の季節指数は次のとおり。

6,200÷(88,000÷12)=84.5 約85%

Q18 答／

1．16.50%　(売上総利益÷売上高)×100

2．経常利益段階で

77.9%　$\dfrac{\text{売上総利益}-\text{経常利益}}{\text{売上総利益}}\times 100$

3．22.1%　(経常利益÷売上総利益)×100

4．27.8%　(自己資本÷総資本)×100

5．31.0%　(借入金総額÷総資本)×100

6．45.7%　(固定資産÷自己資本)×100

7．4.98%　(税引後純利益÷総資本)×100

8．81.0日　(売上債権×365日)÷年売上高

9．20.9日　(棚卸資産×365日)÷年売上高

10．58.7日　(買入債務×365日)÷年売上高

11．43.2日　(売上債権日数+棚卸日数)

－買入債務日数

12．29,830万円　流動資産－流動負債

22.7日　$\dfrac{(\text{流動資産}-\text{流動負債})\times 365\text{日}}{\text{年売上高}}$

著者紹介
中村　穂（なかむら　みのる）
1940年生まれ。関西大学商学部卒業後、総合紳士用品卸に入社。1965年に独立し、以来、松下電工、武田薬品、市田、大関酒造などの社員教育、傘下得意先のコンサルティング、マーケティング指導にあたってきた。
現在、㈱松下電工創研客員経営コンサルタント。とくに松下電工での末端の工事店、小売店、代理店指導歴は38年に及ぶ。現場主義の経営分析およびコンサルティング、マーケティング手法は大きな成果をあげ、各地の代理店、工事店、営業所にファンも多い。数少ない現場密着型のコンサルタントである。
主な著書に『マトリックス経営計画チャート集』『８つの視点で経営数字をガッチリつかむ本』（いずれも、かんき出版）などがある。

・全日本能率連盟認定マスターマネジメントコンサルタント
・日本経営士会正会員

本書は、書き下ろし作品です。

ＰＨＰ文庫　1週間で「数字に強い営業マン」になれる本

2005年8月17日　第1版第1刷

著者　中村穂
発行者　江口克彦
発行所　ＰＨＰ研究所
東京本部　〒102-8331　千代田区三番町3番地10
文庫出版部　☎03-3239-6259（編集）
普及一部　☎03-3239-6233（販売）
京都本部　〒601-8411　京都市南区西九条北ノ内町11
PHP INTERFACE　http://www.php.co.jp/
印刷所　共同印刷株式会社
製本所　株式会社大進堂

ISBN4-569-66416-4

PHP文庫

逢沢 明　大人のクイズ
阿邉恵一・中村義作 編　知って得する！速算術
泉 秀樹　「東海道五十三次」おもしろ探訪
泉 秀樹　戦国なるほど人物事典
瓜生 中　仏像がよくわかる本
エンサイクロネット　「言葉のルーツ」おもしろ雑学
荻野洋一　世界遺産を歩こう
尾崎哲夫　10時間で英語が話せる
快適生活研究会　「料理」ワザあり事典
金森誠也 監修　30ポイントで読み解くクラウゼヴィッツ「戦争論」
川島令三 編著　鉄道なるほど雑学事典
樺 旦純　ウマが合う人、合わない人
小池直己　TOEIC®テストの「決まり文句」
小池直己　TOEIC®テストの英単語
甲野善紀　武術の新・人間学
兒嶋かよ子 監修　「民法」がよくわかる本
コリアンワークス　「日本人と韓国人」なるほど事典
佐治晴夫　宇宙の不思議
佐藤勝彦 監修　「相対性理論」を楽しむ本
柴田 武　知ってるようで知らない日本語

渋谷昌三　外見だけで人を判断する技術
水津正臣 監修　「刑法」がよくわかる本
世界博学倶楽部　「世界地理」なるほど雑学事典
関 裕二　消された王権・物部氏の謎
関 裕二　大化改新の謎
太平洋戦争研究会　太平洋戦争がよくわかる本
多賀一史　日本海軍艦艇ハンドブック
匠 英一 監修　「しぐさと心理」のウラ読み事典
武田鏡村　大いなる謎・織田信長
立川志の輔 選・監修／PHP研究所 編　古典落語100席
田中鳴舟　みるみる字が上手くなる本
丹波 元　京都人と大阪人と神戸人
戸部新十郎　忍者の謎
中江克己　お江戸の意外な生活事情
永崎一則　話力をつけるコツ
中村幸昭　マグロは時速160キロで泳ぐ
中村祐輔 監修　遺伝子の謎を楽しむ本
日本語表現研究会　気のきいた言葉の事典
日本博学倶楽部　「歴史」の意外な結末
日本博学倶楽部　雑学大学

日本博学倶楽部　世の中の「ウラ事情」はこうなっている
日本博学倶楽部　戦国武将・あの人の「その後」
沼田陽一　イヌはなぜ人間になつくのか
ハイパープレス　雑学居酒屋
服部省吾　戦闘機の戦い方
火坂雅志　魔界都市・京都の謎
平川陽一　世界遺産・封印されたミステリー
福井栄一　上《かみ》方《かた》学
藤井龍二　「ロングセラー商品」誕生物語
藤本義一・丹波 元　大阪人と日本人
毎日新聞社　話のネタ
前垣和義　東京と大阪・「味」のなるほど比較事典
的川泰宣　「宇宙の謎」まるわかり
向山洋一 編／村田 斎 著　思考力が伸びる「算数の良問」ベスト72題
八幡和郎　47都道府県うんちく事典
ゆうきゆう　「ひと言」で相手の心を動かす技術
読売新聞大阪編集局　雑学新聞
読売新聞大阪編集局　雑学特ダネ新聞
リック西尾　英語で1日すごしてみる
和田秀樹　受験は要領